100% MADRASTA

QUEBRANDO AS BARREIRAS DO PRECONCEITO

Roberta Palermo

100% MADRASTA

QUEBRANDO AS BARREIRAS DO PRECONCEITO

Integrare
EDITORA

Copyright © 2007 Roberta Palermo
Copyright © 2007 Integrare Editora Ltda.

Publisher
Maurício Machado

Assistente editorial
Luciana Nicoleti

Copidesque
Cristina Nabuco

Produção editorial e acompanhamento
Miró Editorial

Preparação de texto
Márcia Lígia Guidin,
Beatriz C. Nunes de Sousa

Revisão de provas
Carla Bitelli,
Cid Camargo,
Célia Regina R. de Lima

Projeto gráfico de capa e miolo e diagramação
Diego Guerra

Foto da orelha
Marcio Palermo

Dados Internacionais de Catalogação na Publicação (CIP)
(Câmara Brasileira do Livro, SP, Brasil)

Palermo, Roberta
100% Madrasta : Quebrando as barreiras do preconceito / Roberta
Palermo. — São Paulo: Integrare Editora, 2007.

Bibliografia.
ISBN 978-85-99362-22-8

1. Madrastas – Psicologia 2. Madrastas – Relações familiares I. Título.

07-5521   CDD-155.6463

Índices para catálogo sistemático:
1. Madrastas : Psicologia 155.6463

Agradecimentos
à jornalista Cristina Nabuco,
ao advogado Adalmir Miranda,
à terapeuta familiar Maria Rita D'Angelo Seixas

Todos os nomes citados são fictícios para preservar a identidade
das madrastas do Fórum das Madrastas, cujas histórias serviram
de exemplos a esta obra.

Fale com a autora: robertamadrasta@globo.com

Todos os direitos reservados à INTEGRARE EDITORA LTDA.
Rua Tabapuã, 1123, 7º andar, conj. 71/74
CEP 04533-014 - São Paulo - SP - Brasil
tel: (55) (11) 3562-8590
visite nosso site: www.integrareeditora.com.br

Esta obra apóia os projetos da
Associação Obra do Berço

Tudo começou há setenta anos com a iniciativa de Mère Amedéa, Madre Superiora do Colégio Nossa Senhora do Sion, e de algumas ex-alunas. Já naquela época, a *Associação Obra do Berço* veio a formar aliança com o Estado, a Igreja e a sociedade na busca de soluções para a difícil situação da população menos favorecida quanto ao nascimento e crescimento de crianças. Iniciaram-se várias atividades, como a confecção e distribuição de enxovais a recém-nascidos.

No decorrer de todos esses anos, pudemos crescer bastante e ampliamos nosso trabalho na busca do melhor atendimento às comunidades. Nos cursos criados para as gestantes, por exemplo, nós as sensibilizamos quanto à importância do vínculo com o bebê e as informamos sobre seus direitos e deveres como mães.

Outro de nossos trabalhos é desenvolver potencialidades, autonomia e identidade –, o que favorece a aprendizagem construída e fundamentada na socialização. Tal sensibilização comunitária ocorre em nossos três Centros de Educação Infantil (CEI).

Com crianças e adolescentes de seis a 15 anos de idade, realizamos ações em rede que promovem educação complementar à escola, à família e à comunidade. A associação os orienta a ampliar suas possibilidades de inclusão social e inserção no mundo do trabalho.

Devemos, porém, dizer que nós, da *Obra do Berço*, reconhecemos o empenho e a dedicação das famílias, dos profissionais, dos voluntários e dos parceiros numa grande aliança –, que gera forças para o pleno desenvolvimento e a realização de nossa missão central: "Promover ações educativas, culturais, sociais e de saúde à criança, ao adolescente e a suas famílias, visando à formação de um ser humano participativo e consciente de seu papel como cidadão".

Algumas parcerias, como os convênios firmados com a Prefeitura do Município de São Paulo – que atualmente cobrem somente 35% dos nossos gastos –, com a *Fundação Prada*, com a *Associação Caminhando Juntos*, além de eventos e contribuições, garantem os recursos anuais necessários para a cobertura de todas as despesas a que precisamos fazer frente.

Com a preocupação de apresentarmos um trabalho honesto, transparente e de qualidade, nossa dedicada equipe vem trabalhando na busca de indicadores de resultado e impacto que demonstrem, da melhor maneira, o desenvolvimento de nossos usuários e *em que e como* a *Obra do Berço* faz a diferença.

Acreditamos numa sociedade justa pela qual trabalhamos, com direitos e deveres iguais, na qual todos possam ter dignidade e liberdade de escolha. Que nossos usuários busquem seus sonhos com segurança, certeza e comprometimento de encontrá-los.

À Integrare Editora e à autora Roberta Palermo, que agora passam a fazer parte dessa história, sinceros agradecimentos pela oportunidade de divulgar nosso trabalho através desta obra.

Vocês também estão participando da construção de valores éticos, de cidadania e de cultura, bem como dos programas e serviços prestados aos 1.500 usuários da *Associação Obra do Berço*.

Maria da Graça Ribeiro da Luz Rocco
Presidente da *Associação Obra do Berço*

A meu marido, que está sempre ao meu lado e foi o ponto de partida para este trabalho. Aos meus enteados, Tiago e Júlia, até hoje minha fonte de inspiração. Ao Pedro, meu filhote, tão amoroso, falante e participativo.

AGRADECIMENTOS

Às madrastas Ró, Fran, Liz, Analu, Pê e Karla, da Diretoria da AME, por tudo o que já partilhamos e aprendemos juntas. À Patrícia, ex-esposa do meu marido, pois nada teria dado tão certo se ela não fosse do bem. À Ciça e ao Renato Botelho, diretores da See-Saw/Panamby, e a todas as minhas amigas e amigos que trabalham nessa escola que se tornou um modelo de excelência em educação. Ao Doutor Içami Tiba, por ter me ensinado tantas coisas boas através de seus livros.

A todas as madrastas que participam do Fórum das Madrastas, por compartilharem suas experiências, palpitarem sobre as histórias que lá estão e por serem tão divertidas. Sem a participação de vocês, nada disso teria sentido.

SUMÁRIO

APRESENTAÇÃO 15

INTRODUÇÃO: A NOVA FAMÍLIA 19
    O que mudou 21

CAPÍTULO 1: A MADRASTA PÓS-MODERNA 25
    Assumindo o papel 27
    Liberte-se do ciúme 29
    Sem medo de recaída 31
    Fuja das armadilhas 33
    O peso da culpa .35
    Quando a madrasta se torna mãe 36
    Alerta máximo 41

CAPÍTULO 2: OS OUTROS PERSONAGENS PRINCIPAIS 45
    A ex-esposa 48
    O pai 53
    A criança 57
    O reverso da medalha 62
    E como fica o padrasto? 64

CAPÍTULO 3: O ELENCO DE COADJUVANTES 67
    Os avós 67
    Família da ex-esposa 68
    Família do pai 69
    Família da madrasta 71
    Os amigos em comum 73

100% Madrasta

A babá 74
A escola 76

CAPÍTULO 4: CONVIVÊNCIA PACÍFICA 79
A hora certa de conhecer o enteado 80
Mundo paralelo: sim ou não? 83
Modelo positivo 85
Evite discussões públicas 89
Tenha um pacto de diálogo 90
Cultive o respeito .91
Trate as crianças igualmente 93
Demonstre confiança 94
Faça elogios 96
Não guarde mágoas 97
Tenha muita paciência 98
Nunca desista 100
Cuide bem de você 101
E se não funcionar? 102

CAPÍTULO 5: DICAS PARA FACILITAR O COTIDIANO 105
O espaço da criança 105
Organizando as visitas 106
Pai presente 108
Quando o enteado vem morar com vocês 110
Os primeiros dias 113
A nova rotina 114
Regras e limites, mesmo a cada quinze dias 117
Conquiste aliados para essa causa 118
Ensine bons hábitos 120
Prepare refeições saudáveis 122
Hora de dormir 122
Acompanhe os estudos 124
TV sem exageros 126
Programe atividades em família 128
Quando ambos trabalham fora 129
Para evitar dores de cabeça 130

SUMÁRIO

Intimidade preservada 134

CAPÍTULO 6: QUESTÕES FINANCEIRAS. 137
   Muito para quem paga, pouco para quem recebe . . . 137
   Prioridades diferentes 139
   Longe das intrigas 141
   Socorro mútuo 142
   Ex-esposa por profissão 144
   Falando sobre dinheiro com as crianças 147
   Erros da família 149
   Ex-casal e sócios nos negócios 150

CAPÍTULO 7: SITUAÇÕES EMBARAÇOSAS. 153
   A chegada do nosso filho 153
   Preparando o enteado para acolher o irmão 154
   O amor tem várias faces 157
   Acidentes acontecem 160
   Quando a ex- passa dos limites 161
   Fotos e vídeos da ex- 163
   Conhecer a ex-esposa 164
   E se acham que sou a mãe? 166
   Datas festivas 167
   Aniversário 169
   Dia dos Pais 171
   Dia das Mães 172
   Mudança de residência 175
   Morte e luto na família 177
   "Esta é a sua madrasta" 179

CAPÍTULO 8: MÃE TAMBÉM PODE SER MÁ? 183
   Mãe pode ser má... 183
   ...quando some com a criança 183
   ...quando acusa o pai de falso abuso sexual 186
   ...quando mente sobre a paternidade da criança 188
   ...quando fala mal do pai e faz escândalos 190
   ...quando diz coisas terríveis ao filho 191

13

100% Madrasta

Os equívocos paternos 194
  Criança também precisa do pai 194
  Exageros em nome do amor 196
  A perigosa cegueira: recado para o pai 199
  Pai e mãe de fim de semana 201
  Meu bom companheiro. 202
  Poções malignas 207
  Príncipe ou sapo? 211

CAPÍTULO 9: PASSOS PARA O FUTURO. 213
  Guarda compartilhada 214
  Exame de DNA na maternidade 217

CONCLUSÕES 221

ANEXOS 223
  Dicionário das madrastas 223
  Guia de etiqueta após a separação 227

SOMOS O MÁXIMO,
DE FRANÇOISE DE MATOS PAULA SILVA. 235

Apresentação

Nunca pensei em ser madrasta. Nem sequer imaginei que um dia ira casar com um homem separado, e com dois filhos tão pequenos; na época meu enteado tinha quatro anos e minha enteada, um ano.

Por outro lado, a experiência de ter pais separados foi minha primeira frustração. Eu tinha três anos quando meus pais se separaram. Na época moravam no interior e, após a separação, mudei-me com minha mãe para São Paulo. Mesmo morando a 230 km de distância, meu pai foi bastante presente em minha vida, nós nunca perdemos contato. Eu sempre pedia ao papai do céu que meus pais voltassem a viver juntos, mas parei de fazer o pedido aos 13 anos, quando meu pai me apresentou a namorada, que se mudou para sua casa e, em seguida, engravidou. Fiquei muito feliz, pois até então eu era filha única e, em breve, ganharia uma irmã. Minha mãe comprou um carrinho de bebê para eu presentear minha madrasta; foi nesse momento que percebi o incentivo dela para que eu aceitasse o bebê de outra mulher.

As minhas férias com meu pai, porém, começaram a ficar insuportáveis. Uma das minhas primeiras surpresas, após o nascimento de minha irmã, foi chegar à casa do meu pai e ver que o meu quarto não existia mais e que fora substituído por um colchão para dormir no chão. Os brinquedos que ficavam no armário do corredor também não existiam mais.

Minha madrasta começou a demonstrar muito ciúme de minha relação com meu pai. Até pouco tempo antes, éramos só nós dois; mas, em vez de tentar se aproximar de mim, ela preferia afastar-me de meu pai e cortar meus "privilégios". E eu, por isso, grudava ainda mais nele. Foram dez anos de férias tumultuadas, com muita discussão, meu pai no meio do tiroteio sem saber lidar direito com essa confusão.

Quando o meu pai faleceu, eu tinha 23 anos e nunca mais precisei me relacionar com minha madrasta: consegui minha carta de alforria. Minha irmã tinha dez anos, e, infelizmente, também perdi o contato com ela. Apesar de minha madrasta nunca ter atrapalhado nossa relação, eu precisaria conviver com a mãe para manter contato com minha irmã, que ainda era muito pequena. Sei que minha madrasta fez muitas coisas para me prejudicar, mas o que mais me chateia é pensar que ela tenha feito algumas maldades para as quais, na época, eu nem atentava.

Alguns anos depois, comecei a namorar meu marido e escrevi uma carta para ela. Contei que eu passara a ser madrasta. Fiquei surpresa com sua resposta: dizia para eu ser boa para os filhos do meu marido e não ter ciúme deles, porque ela se arrependia muito de ter me tratado mal. Apesar dessa carta, eu não me aproximei mais dela. Quando minha irmã completou 19 anos, procurou-me e desde então conversamos por *e-mail* e nos encontramos quando ela vem a São Paulo.

Depois dessa péssima experiência como enteada, tornar-me madrasta foi assustador. Não queria repetir os mesmos erros da madrasta que eu tivera. Parecia simples, bastava não fazer o que ela havia feito de ruim para mim. Parti dessa idéia e funcionou. Sempre fiz questão de que as crianças tivessem um pai presente e ficassem muito no colo dele. Os passeios quinzenais eram divertidos, e a nossa casa era a deles também. Havia muitas fotos das crianças e desenhos deles na geladeira. Brinquedos e roupas nos armários e guloseimas na cozinha completavam o que eu achava importante para dar às crianças uma infância feliz.

Seis anos depois, quando as crianças tinham 11 e sete anos, meu filho nasceu. Foi outra etapa muito pensada, pois eu não queria que eles achassem Pedro privilegiado por ser meu filho. Mudei o mínimo possível a rotina deles após a chegada do bebê, e, desde a gravidez, eles participaram dos momentos mais importantes da vida do irmão. O resultado foi mais do que perfeito. Meus enteados são carinhosos e curtem o irmão caçula. Meu filho adora os irmãos e fala deles o tempo todo.

Fui enteada. Sou madrasta. Tenho mãe. Sou mãe. Estar em todos esses papéis me ajuda a colocar-me no lugar dos outros e agir da maneira mais adequada em cada situação do dia-a-dia.

Mas, acreditem! Desejo ficar por aqui. Não quero conhecer o papel de ex-esposa! Quero continuar muito bem-casada e feliz com o meu marido, neste lar que escolhi para ser o meu modelo de família.

O que tem dado muitos frutos à minha vida – e à de outras mulheres, mães, madrastas, ex-esposas, avós e maridos – é nossa luta contra os preconceitos: não queremos, como madrastas, viver o estereótipo da mulher má dos contos de fadas. Com o apoio de algumas dessas mulheres, que se tornaram grandes amigas, fundei a AME – Associação das Madrastas e Enteados, organizei o site www.madrasta.hpg.com.br e iniciei o Fórum das Madrastas, que entrou no ar em junho de 2002.

Resolvi, então, escrever esta obra, que, além de minha experiência pessoal como enteada e madrasta, discute depoimentos e problemas levantados no fórum, com reflexões que o curso de Terapia Familiar da Escola Paulista de Medicina (Unifesp) me permitiu fazer.

As mais variadas situações entre madrastas, enteados e demais personagens desse kit de relacionamentos complexo e moderno são abordadas aqui. Espero que a leitura desta obra ajude leitores e leitoras a compreender que essa convivência, às vezes difícil, pode também ser recheada de grandes alegrias.

Roberta Palermo

INTRODUÇÃO
A NOVA FAMÍLIA

Meses ou anos de namoro trazem a certeza da escolha ideal: homem e mulher decidem morar juntos, casar-se, ter filhos. Seja após uma cerimônia tradicional com padrinhos, damas de honra e bem-casados, um ritual simbólico ou a simples união de escovas de dentes, o casal passa a dividir o mesmo teto. Marido, namorado, noivo ou namorido (ver Dicionário das madrastas) e esposa, namorada, noiva ou namorida começam a conhecer melhor os hábitos um do outro.

Algumas regras de convivência aparecem naturalmente, outras surgem para evitar o caos. Decisões práticas devem ser feitas: Quem faz supermercado? Quem cozinha? E a louça, quem lava? Quem coloca o lixo pra fora? Contratar empregada ou faxineira? Como administrar as finanças? Viajar no final de semana ou apenas assistir a um filminho?

As famílias cobram a presença do casal nos almoços aos domingos e também em datas festivas. É preciso revezar-se para ninguém se sentir preterido.

Quando chegam os filhos, outras questões têm que ser resolvidas: Com quem deixar as crianças enquanto os pais trabalham: babá ou berçário? O diálogo é fundamental para esses ajustes. Se o casal não se entender, como educará um filho?

É necessário, também, que o casal esteja em sintonia, tenha os mesmos objetivos, ainda que escolha caminhos diferentes em certos momentos. Os dois se desviam, mas se reencontram no percurso. Desconfie daquele casal que diz que nunca discute: possivelmente, um dos dois está guardando rancores, fazendo concessões além de seu limite, e a gota d'água pode causar uma ruptura definitiva.

Ouvimos dizer que opostos se atraem; talvez fosse mais apropriado dizer que se completam. Mas é preciso ter sonhos comuns. Como duas pessoas que almejam coisas incompatíveis podem crescer juntas? Como vão conviver?

Se nem sempre é fácil conciliar os ânimos quando existe apenas o casal ou os filhos em comum, o que dizer, então, quando o relacionamento inclui filhos de casamentos anteriores, ex-mulheres e pelo menos três famílias: a do pai, a da madrasta e a da ex-? Tudo tende a ficar mais complicado.

É preciso considerar com atenção esse novo cenário. Afinal, existem outras possibilidades para a formação de uma família, além do modelo original com pai, mãe e filhos biológicos de uma única união. Até o fim desta década, mais de 50% das famílias brasileiras estarão configuradas em arranjos distintos do tradicional, conforme estimativas da Comissão Econômica para a América Latina e o Caribe (CEPAL) da Organização das Nações Unidas (ONU). Os novos perfis familiares incluem também casais homosse-

INTRODUÇÃO: A NOVA FAMÍLIA

xuais com filhos adotivos ou filhos legítimos de um dos companheiros.

O que mudou

Entre 1995 e 2005, o número de divórcios cresceu 53%, enquanto o aumento da população foi de apenas 14%, segundo dados do IBGE. De cada dez casamentos, registrados no país, somente três resistem a mais de dez anos de vida em comum. Muitas vezes a falta de comprometimento do casal com o sucesso da vida a dois resulta na banalização do casamento. Escuto pessoas dizerem que querem casar-se e que, se não der certo, basta se separar. Há diálogo? Não, a menos que seja para criticar o cônjuge. Esse pensamento simplista leva ao abandono da união na primeira situação de conflito ou na primeira frustração, o que pode acontecer após cinco anos de união e um saldo de dois filhos pequenos, por exemplo. Esse foi o tempo médio de duração dos primeiros casamentos ocorridos entre 1990 e 1997, de acordo com pesquisa realizada no Fórum das Madrastas[1]. É menos da metade do que apurou o IBGE: os casamentos no país duravam em média 12,1 anos em 2005.

O tema da separação está cada vez mais presente em nossa realidade. Foi citado na sala de aula do meu filho de cinco anos, mesmo não havendo ali nenhum filho de pais separados. Pedro já sabe muito a respeito, conhece a história da família. Sabe que o papai, antes de se casar com a mamãe,

---

1. A "pesquidrasta" ouviu 112 madrastas do fórum: 81% delas têm entre 20 e 33 anos e 71% dos maridos estão na faixa dos 27 aos 40 anos.

fora casado com a Patrícia e que juntos tiveram dois filhos: o Tiago e a Júlia. Sabe também que, infelizmente, o papai e a mãe de seus irmãos se desentendiam muito e por isso resolveram se separar. Algum tempo depois, o papai começou a namorar a mamãe, os dois se casaram e ele nasceu.

Um dia, um dos colegas do Pedro chegou aflito em casa e pediu para sua mãe não se separar de seu pai. Isso mostra que mesmo casais com relacionamentos estáveis acabam tendo de abordar o assunto para assegurar ao filho que pretendem continuar juntos.

Após a separação, formam-se famílias em que apenas um dos pais está presente em tempo integral. O índice de lares chefiados por mulheres, por exemplo, subiu de 20,2% para 28,5% de 1995 a 2005.

Até 2003, a mãe tinha prioridade sobre a guarda dos filhos, desde que não fosse responsável pela separação. No novo Código Civil, é comum dar-se a guarda ao ex-cônjuge que tenha melhores condições – financeiras e morais – de exercê-la.

Depois de um período de dor pelo fim do casamento, homens e mulheres voltam a namorar e formam novas famílias. As segundas uniões estão se tornando cada vez mais freqüentes. Ainda segundo o IBGE, o número de divorciados que se casam novamente cresceu 122% de 1995 a 2005. O total de mulheres solteiras que se casaram com homens divorciados passou de 4,1% em 1995 para 6,2% em 2005.

O número de uniões estáveis, aquelas em que o casal mora junto sem se casar no papel, também está em elevação: houve um aumento de 90% entre 1991 e 2000. Na minha análise, esses casais estão em fase de experiência. Estão criando coragem para dar os passos em direção ao casamento.

Muitas pessoas perguntam: "Mas o que muda com a certidão de casamento?" Casar no papel é assumir definitivamente a relação. Mesmo casais que se dizem bem resolvidos, e que não se casam por opção, vez ou outra assumem que gostariam da oficialização. Também as famílias olham o casal de outra maneira após a assinatura dos papéis. Sentem-se mais seguras para receber o novo integrante e passam a dedicar mais carinho ao casal. O mundo pode estar diferente, a organização familiar também, mas o casamento ainda é muito valorizado.

No entanto, quero deixar claro que não tenho nada contra esse *pit stop*. Eu mesma iniciei minha vida a dois assim, morando junto com o meu namorado. Mas tinha certeza de que, para me sentir segura, precisava atingir a próxima etapa, o casamento. Uma questão cultural? Um dever social? Um sonho? Não sei. Era muito importante para mim um ritual familiar, uma cerimônia. Antes de nos casarmos, eu conseguia apresentá-lo apenas como meu namorado, mas soava estranho porque o relacionamento já contava quatro anos. Sentia que era apenas uma namoradinha, parte de uma relação que poderia acabar a qualquer hora, levando cada um a seguir seu caminho.

Foi o que de fato aconteceu. Em uma quarta-feira, ele pegou a mala e voltou para a casa dos pais. Desmontamos o nosso apartamento em poucos dias. Não tínhamos mais nenhum vínculo. Entretanto, três meses depois, reatamos e oficializamos a união. Tive então a sensação de que ficaríamos juntos até que a morte nos separasse. Meu marido possuía traumas do casamento anterior, mas essa experiência frustrante não significava que as próximas também seriam.

Quando se namora um homem que já foi casado e tem filhos, é importante não criar ilusões imaginando que a convivência será simples, quando na verdade não é. Antecipar-se aos problemas aumenta suas chances de sucesso e felicidade.

Portanto, candidatas à madrasta, antes de tomarem qualquer decisão, escrevam em um papel os prós e os contras do relacionamento. É um modo objetivo de avaliar quanto damos e recebemos. Esse namorado é o homem da sua vida? Ele merece sua dedicação? Ele está presente, é companheiro, oferece apoio nas horas difíceis?

Além disso, o ciúme pode ser o seu maior inimigo. Lembre-se de que os filhos e a ex-mulher entraram na vida do seu namorado antes de você. Portanto, eles serão presenças concretas em sua vida futura. O pai sempre manterá contato com a ex- para resolver os assuntos relacionados ao filho, e a criança ou adolescente freqüentará a sua casa. Será mesmo que você quer assumir essa família?

A etapa do namoro serve para avaliar se fizemos a melhor escolha, conversar, observar, analisar. Convido você, que está começando a viver essa história ou que já encarna o papel de "nova esposa do papai", a refletir sobre a atuação da madrasta. As páginas seguintes trazem dicas para minimizar conflitos bem como atitudes que aumentam as chances de sucesso da nova relação.

CAPÍTULO 1
A MADRASTA PÓS-MODERNA

Ela se não se parece com as aterrorizantes madrastas de Branca de Neve, Cinderela e João e Maria. Em vez de prejudicar o enteado, a madrasta pós-moderna pretende fazer o bem, mas é, na maioria das vezes, recebida com desconfiança. Os contos de fadas nos ensinaram a suspeitar das intenções dela. As madrastas são ciumentas, invejosas, rancorosas... Não foi o que aprendemos com essas histórias?

Até mesmo os dicionários alimentam velhos rótulos. A primeira definição apresentada pelo dicionário de Aurélio Buarque de Holanda Ferreira não faz pré-julgamento: "Mulher casada, em relação aos filhos que o marido teve do casamento anterior". Até aí, tudo bem. A partir da segunda definição, o mito predomina: "Mãe ou mulher descaroável", entenda-se, descaridosa, inclemente, descarinhosa, severa, ríspida, dura, cruel. A terceira definição é ainda mais grave: "Pouco carinhosa, ingrata, má". Não é à toa que existe um provérbio que diz: "A vida não é mãe; é madrasta: ela nos tira mais do que dá".

Pedi a colaboração das madrastas do fórum[1] para produzirmos uma definição imparcial e chegamos à seguinte: "Madrasta: mulher que cuida da criança, protege-a e orienta-a na ausência da mãe. Mulher parceira, que apóia e auxilia o pai na educação e no desenvolvimento da criança". Em nenhum momento ela se compara à ex-mulher, até porque "Mãe só tem uma", como diz o velho ditado popular.

Por sua vez, "ex-mulher é a mãe das crianças e, embora não tenha mais ligação afetiva com o marido, ainda restam os filhos como vínculo; por isso, ambos precisam permanecer em contato para criá-los juntos". Assim fica estabelecido o papel de cada uma nessa nova rede de relacionamentos.

> ### Madrasta é...
>
> Uma participante do fórum comparou a madrasta à babá de luxo: "Tomo conta, dou banho, arrumo as bagunças, brinco (mesmo cansada), passeio (mesmo sem vontade), levo, busco, satisfaço os caprichos... Tudo com a melhor das intenções: por amor ao meu marido e à minha enteada. Mas por que me sinto uma babá de luxo? Porque, assim como as babás, não posso dar bronca, colocar de castigo, criticar a falta de educação. Afinal, ela não é minha filha. Na minha função posso até opinar, mas o pai e a mãe dão o apito final. Não posso esperar gratidão, nem recompensa".

---

1. O Fórum das Madrastas tem algumas regras de funcionamento. As participantes não podem fazer postagens agressivas nem usar palavrões. O desabafo é permitido e incentivado, desde que haja respeito ao próximo. O objetivo não é cultivar ódio e mágoas, mas estimular as madrastas a viver melhor com seus maridos, enteados, ex- e familiares em geral.

CAPÍTULO 1: A MADRASTA PÓS-MODERNA

Usei propositalmente a expressão "rede" (consagrada pela internet), pois não se pode falar de madrasta sem citar os demais envolvidos. Quando há separação e depois outro casamento, dezenas de pessoas passam a fazer parte desse novo contexto familiar – elas serão apresentadas nos próximos capítulos.

Assumindo o papel

A maioria absoluta das mulheres não sonha em ter um relacionamento com um homem divorciado e com filhos. Falo também por mim. Nunca pensei em namorar alguém que já fosse pai. Jamais imaginei possível uma experiência positiva como madrasta ou que me sentiria bem ajudando meu marido, sua ex-mulher e as crianças.

Na adolescência, nos imaginamos casadas com aquele menino lindo e esportista, o popular da escola, como nos filmes americanos. Os anos vão passando e descobrimos que a realidade não é bem assim. Aquele menino lindo nem sempre se dá bem na profissão e pode ser infiel à esposa. Já o menino tímido, feioso e de óculos, em quem as meninas mal reparavam, pode se tornar um profissional bem-sucedido, fazer cirurgia de miopia, se casar e ser fiel. Da mesma forma, um homem separado e com filhos pode, sim, ter um segundo casamento feliz.

Até agora só encontrei uma madrasta por vocação, se é que podemos falar assim. Luna é um caso à parte. Loira e bonita, casou-se cedo e teve dois filhos. O casamento terminou e algum tempo depois ela começou a namorar um homem que era pai de dois meninos. O namorado tinha muitos medos, por isso inventava mil desculpas para não lhe apresentar os filhos. Luna curtia os meninos a distância: chegou a assistir a um jogo de futebol de um dos enteados sem que ele soubesse. O namoro acabou antes que ela conhecesse oficialmente os garotos. Inconformada por não ser mais madrasta, ela passou a desejar um namorado que tivesse filhos. Agora está realizada porque seu novo amor tem duas crianças. Já conheceu o menino de nove anos, mas falta conhecer a menina de cinco. "Desta vez tudo vai bem, devo realizar meu sonho", contou. "Achei um maluco que gosta de gritos de crianças, de casa cheia e de pia lotada de louça. Já voltei a usar a camiseta 100% Madrasta."

Em grande parte dos casos, no entanto, a descoberta de que o namorado tem filhos do primeiro casamento e a possibilidade de se tornar madrasta colocam a mulher em estado de alerta. É necessário avaliar bem a nova tarefa para não se frustrar. Além das crianças, há o namorado, a ex-mulher e as famílias. A carga emocional é grande, com medos, expectativas e emoções à flor da pele.

Uma atitude que favorece a convivência harmoniosa é ser solidária com os outros membros da família. Coloque-se no lugar deles: em vez de criticá-los, tente compreender os conflitos e sofrimentos, oferecendo apoio.

Também é fundamental gostar de companhia. Se nos recusarmos a interagir com o grupo, vivendo afastadas e tomando decisões autônomas, será bem difícil alcançar felicidade. Não dá para ser feliz sozinho: temos de aceitar os outros com suas limitações e fazer acordos para viver essa nova realidade da melhor maneira possível.

> **Quem sofre mais no início da nova união: o pai, a mãe, a criança ou a madrasta?**
>
> Todos sofrem. O pai, porque saiu de casa e sente falta dos filhos. A mãe, porque ficou sozinha com as crianças, tentando entender a mudança. Os filhos, porque não desejam que os pais se separem. E a madrasta, porque não esperava se apaixonar por um homem separado e com filhos. Nenhum dos personagens está em posição confortável. Todos precisam de tempo para se adaptar à nova conjuntura.

Os maiores problemas que a madrasta enfrenta são a falta de apoio e organização do companheiro – ele não estipula regras, rotina e limites para os filhos – e a não-aceitação do novo relacionamento pela ex-mulher – boicota a concorrente, fala mal da madrasta para a criança, telefona insistentemente visando a atrapalhar o relacionamento.

Sejam esses ou outros, problemas sempre surgirão. A diferença está na forma como você vai lidar com eles.

Liberte-se do ciúme

Sentir ciúme é normal! Mas...

O ciúme pode gerar conflitos, discussões, disputas infinitas e muito desamor. Por isso, antes de embarcar no relacionamento, a madrasta precisa aprender a controlar o ciúme que sente da criança e da ex-mulher. Lembrando que ambas já existiam antes dela, tudo o que as envolve não pode surpreendê-la. Se a madrasta perceber que não consegue vencer o ciúme, convém repensar se vale a pena investir no relacionamento.

O pai ama o filho e também a companheira, mas são afetos diferentes! Muitos homens já não se contentam com o papel de provedor, nem com esparsas visitas quinzenais, e querem estar mais presentes na vida dos filhos. Hoje, lutam mais e mais para ter a guarda compartilhada[2], o que proporciona um contato maior com a criança. Podem também solicitar a guarda definitiva – o que significa trazer o filho para morar com ele e a madrasta. O que está em jogo é a melhor solução para o desenvolvimento da criança.

O importante é que a madrasta conheça os acertos feitos no momento da separação e entenda que deverão ser cumpridos à risca. A pensão alimentícia tem de ser paga impreterivelmente no dia e no valor combinados. Os dias de convivência precisam ser mantidos. A criança deve ver o pai o máximo possível, segundo o estipulado no acordo. Se ele tiver livre acesso à casa da mãe, deve comparecer para encontrar os filhos com freqüência, bem como participar das festas de aniversário e eventos na escola.

Alguns casais combinam que o pai pagará despesas extras e que também auxiliará a mãe em caso de emergência. Compreendendo exatamente o que foi combinado, a madrasta poderá decidir se aceitará dividir o companheiro quando houver necessidade.

---

2. Para saber mais sobre essa modalidade de guarda, consulte o capítulo 9.

Faço uma ressalva: estou me referindo a casos usuais e rasteiros. No entanto, há situações em que existe tanta mágoa entre o ex-casal que é praticamente impossível para o pai freqüentar a casa dos filhos ou tomar decisões em comum com a ex-mulher sem que a conversa se transforme em discussão.

Sem medo de recaída

Ter ciúme de ex-mulher também atrapalha. No início, é natural que a madrasta sinta insegurança e também curiosidade em relação à primeira mulher do marido.

Normalmente, o homem fala mal da ex- porque está magoado e não guarda boas recordações. Apesar de não ser uma atitude louvável, pode ajudar a madrasta a se sentir mais confiante. Ela saberá que a relação ficou mesmo no passado e que não há risco de reconciliação.

Mas, se a ex- for bonita, excelente mãe, educada, inteligente, bem-sucedida e o homem ainda a elogiar, a madrasta provavelmente ficará matutando: "Por que eles não estão mais juntos?". Isso pode desencadear um turbilhão de conexões inexistentes e levar a conclusões sem fundamento. Em pouco tempo, a madrasta, corrompida por esses pensamentos, pode achar que a ex-mulher é mais especial do que ela apenas por ter dado um filho a esse homem.

Atenção, madrasta: o casamento com mulheres deslumbrantes também acaba e o homem não vai querê-la de volta mesmo que ela tenha centenas de boas qualidades. Essa mulher não é mais especial do que você porque teve o primeiro filho. Em lugar de se preocupar, confie em si mesma. Viva o presente, é com você que ele está agora.

Converse com seu marido ou namorado sobre essa insegurança. Nosso companheiro tem de ser também nosso amigo. Ele tem de declarar abertamente que é com você que ele quer ficar e que, em comum com a ex-mulher, tem apenas o filho. Assim você ficará mais tranqüila. Se as atitudes dele corroborarem o que ele falar, melhor!

Em busca de harmonia

Alguns requisitos são fundamentais para a construção de uma nova família unida:

- Amor pelo pai e pela criança.
- Bom senso para lidar com os problemas que aparecerem e para tomar decisões. Evite reações impulsivas ou falar imprudentemente.
- Disposição para ser solícita e atenciosa, bem como encarar situações sob novas perspectivas. Em vez de julgar, ajude as pessoas.
- Diálogo com o marido para aplicar os itens acima ao cotidiano.

Alguns maridos e companheiros, porém, adotam posturas que intensificam a insegurança das madrastas, as quais ficam surpreendidas ao descobrir que o companheiro ainda faz o supermercado ou vai à farmácia para a ex-mulher ou até mesmo paga a conta de celular dela. Pode ser um acordo feito em Juízo ou ter sido sempre assim. Por isso é tão importante que a madrasta conheça exatamente o que foi acertado para depois não se aborrecer sem necessidade.

Capítulo 1: A madrasta pós-moderna

Em geral, as novas namoradas e esposas se sentem ameaçadas quando o namorado ou marido mantém relações cordiais com a ex-. Os dois continuam amigos, falam-se por *e-mail*, MSN, telefone, dão risada e demonstram cumplicidade. Entretanto, é de esperar que essa proximidade diminua com o tempo.

Algumas coisas tendem a mudar quando o homem começa a namorar. Por mais importante que seja a boa convivência entre pai e mãe para que os filhos cresçam em ambiente saudável, eles não são mais um casal. Os vínculos têm de ser cortados. Não precisa ser um corte imediato, mas gradativo.

Com paciência você conseguirá explicar, por exemplo, que ele pode encerrar a conta conjunta que porventura ainda mantenha com a ex-, ou que eles não precisam mais compartilhar a mesma empregada, ou que é natural querer comprar uma cama nova, já que a atual data do tempo em que ele ainda era casado. E assim por diante.

Fuja das armadilhas

Algumas madrastas reclamam que enteados implicam gastos financeiros que permitiriam ao casal desfrutar de outras coisas, como trocar de carro, por exemplo. O que elas esquecem é que sabiam desde o início da existência dessas despesas e seria injusto demais colocar a culpa no enteado quando falta dinheiro. Cuidado para não ser mesquinha!

O pai já tinha esse compromisso financeiro quando formou a segunda família, independentemente do fato de a ex-esposa trabalhar ou não, e talvez encontre dificuldade para sustentá-la sozinho. Por isso, se a madrasta tiver independência financeira, melhor ainda.

Outro erro grave é querer afastar o pai da criança. É importante que o pai dê atenção para o filho; a madrasta terá o seu espaço também. Aproveitem os momentos a dois e também curtam a criança em todas as oportunidades para formar um vínculo gostoso e ela ter lembranças da infância para contar.

> **Por que a idéia de ter uma madrasta parece tão ruim?**
>
> Porque algumas madrastas alimentam a imagem negativa disseminada pelos contos de fada. São realmente más. Não sabem conduzir o novo relacionamento, sentem ciúme da criança, da ex-esposa, querem afastar o namorado/marido de seu passado. Muitos conflitos começam nesse momento. Mas, felizmente, isso está mudando. Há uma nova geração de madrastas muito bem intencionada.

Gosto muito de preparar surpresas na Páscoa. Colocar patinhas de coelho no chão e esconder ovos por toda a sala decorada com latinhas, baldinhos etc. Meu filho Pedro, de cinco anos, já entende que vamos esperar o coelhinho, que virá trazendo ovos de chocolate. Expliquei a ele que deixaremos uma cenoura cortada em um pratinho para o coelho comer antes de ir embora.

Meu enteado Tiago, de 16 anos, escutava nossa conversa. Quando percebeu que o irmãozinho havia se afastado, ele comentou: "Lembra, Rô, daquela Páscoa em que nós viajamos e você fez o coelhinho nos levar muitos ovos, que estavam dentro de uma caixa enorme cheia de palha?". Era verdade! Ele era tão pequeno! Nem acreditei que ainda se lembrava! Eu pus no carro uma caixa de madeira, serragem e um monte de ovos de Páscoa, de todos os tamanhos. O meu marido queria que eu deixasse tudo pronto para quando voltássemos, mas imagine se eu ia esperar a volta! Tanto fiz que ele concordou em levar tudo, além da bagagem! Na noite anterior à Páscoa, preparei a surpresa. Uma fita de vídeo registrou os olhos arregalados de Tiago e Júlia, minha enteada que hoje está com 13 anos, quando acordaram na manhã seguinte.

O peso da culpa

Se o relacionamento entre a madrasta e o atual companheiro teve início quando ele ainda era casado, e se isso contribuiu para o fim da primeira união, às vezes é difícil para a madrasta lidar com a culpa. Tivemos no fórum uma mulher rejeitada pela enteada por ter sido amante do pai da menina. Essa madrasta sentia enorme culpa pelas maldades que fizera para acabar com o casamento. Destruíra a vida da ex-mulher, mas se arrependia por isso. Foi infeliz como amante e continuou infeliz após conseguir o homem de sua vida.

Salvo nesses casos de maldades explícitas, apesar de o papel de amante não ser muito adequado, quase sempre a madrasta é a última culpada. Cabe ao homem conduzir a situação de modo transparente, ser honesto com a esposa e separar-se primeiro para então iniciar uma nova relação. Mas o comum é acontecer o inverso. A possibilidade de um relacionamento extra-conjugal dá a ele a coragem para sair de casa. Eles precisam desse impulso, mesmo que o casamento já tenha acabado de fato há muito tempo.

Uma mulher que aceita ser a outra talvez esteja com a auto-estima muito baixa. Por isso, ela não consegue sair da relação, mesmo que lhe faça mal. Vive uma angústia diária por não ter o romance assumido ou não conhecer os familiares do namorado. Uma eventual gravidez não garante a separação e uma nova união. Muitas amantes passam a gestação sozinhas, ainda mais infelizes e escondidas.

Ser amante não significa ter má índole. Isso pode acontecer com mulheres de excelente formação e família. É até possível que sejam excelentes madrastas, mas carregam esse rótulo de destruidora de lares que pode marcá-las para sempre.

Quando a madrasta se torna mãe

O fato de a madrasta não ter filhos faz diferença, mas ninguém precisa lembrá-la disso o tempo todo, pois chega a ser irritante: "Você acha que ama os seus enteados? Espere ter o seu filho para descobrir o que é amar", diz a amiga, que já é mãe.

O companheiro pode poupá-la do comentário "Só quando do você for mãe entenderá a dor de estar longe de um filho", quando ele estiver com saudade das crianças.

Realmente, a maternidade provoca mudanças. A madrasta tem menos tempo para implicar com detalhes relacionados aos enteados. O que antes rendia meia hora de reclamação pelo desleixo da mãe, agora nem incomoda. Se o tênis que veio na mochila não combinou com a roupa, tudo bem, vai assim mesmo.

Muitas vezes, a madrasta passa a entender melhor a mãe. Lembra aquelas críticas sobre a unha da criança estar sempre comprida, o ouvido sujo, as roupas com manchas? A madrasta vai perceber que não é tão fácil dar conta de tantas tarefas diárias. E olha que ela tem o pai ali ao lado todos os dias para ajudar!

Ela também vai compreender que criança cai mesmo, fala coisas que não escutou antes em lugar algum e até pega piolho. E isso não significa falta de cuidado da mãe.

Estar no lugar da outra muda a perspectiva da madrasta. Aquela ex-mulher, tão massacrada, pode virar mártir de um dia para outro: "Coitada", diz a madrasta, "agora eu sei por que ela não agüentou esse homem que não ajuda em nada com o bebê!".

Outra definição

Uma amiga, mãe de um menino de seis anos, casada com um homem que tem uma filha de 15 ("aborrecente" das piores!), apareceu com a seguinte pérola: "Ser mãe é padecer no Paraíso, ser madrasta é PRA DESCER do Paraíso!".

É preciso tomar cuidado para não excluir os enteados de seu dia-a-dia, pois com um bebê os afazeres aumentam. A madrasta fica mais ocupada, cansada e, finalmente, vai dedicar todo o seu tempo a alguém que lhe oferece mais garantia de amor eterno e gratidão. Afinal, se não podemos esperar reconhecimento nem dos filhos, o que dizer dos enteados?

Além do mais, em grande parte das famílias, o filho fica com a mãe 100% do tempo, e não apenas nos fins de semana, como os enteados. É de esperar que se faça mais por ele. Mesmo um pai presente acaba fazendo mais pelo filho que mora na mesma casa. Não dá para evitar. Então, é importante que se aproveite todo o tempo disponível para dar atenção aos enteados, diminuindo ao máximo a diferença de tratamento e, ao mesmo tempo, criando oportunidades para que eles percebam que também são especiais.

Nos primeiros meses após o nascimento do bebê, há quem manifeste certa impaciência com os enteados. Letícia viveu essa situação, relatada no fórum: "A menina de 11 anos está com ciúme do bebê de três meses. Como pode? Uma moça desse tamanho! Todo mundo morre de dó dela. Mas eu não suporto quando ela olha para o nenê com aquela cara de coitada. Parece que está olhando para mim". Letícia não sabia o que fazer: proibir a menina de ir à sua casa? Não achava justo. Mas também não se sentia obrigada a tolerar o ciúme da enteada.

Se acontecer com você, não se desespere. É normal estar sem paciência logo após o nascimento de um bebê. Mesmo porque você ainda está se adaptando à nova rotina, ao novo ritmo de sono. Converse com o seu marido. Peça para ele sair um pouco com os filhos e assim você poderá ficar mais tempo sozinha com o bebê. Essa fase vai passar.

CAPÍTULO 1: A MADRASTA PÓS-MODERNA

Tudo fica mais fácil quando a madrasta teve o cuidado de se dedicar aos enteados antes de ter o bebê e fez por eles o que faria um dia por seus filhos. Assim se sente feliz por oferecer tratamento igualitário, o marido fica orgulhoso por perceber que ela não faz diferença entre as crianças, e os enteados, ainda que sintam uma ponta de ciúme na maioria dos casos, têm mais facilidade para aceitar o irmãozinho.

ALERTA MÁXIMO

O que não se deve dizer ao enteado
para não bancar a chata e prejudicar a
convivência entre vocês.

1. Você sabia que a sua mãe quer colocar o seu pai na cadeia?

A criança não precisa tomar conhecimento dos conflitos entre o pai e a mãe por causa de pensão alimentícia e outras disputas. Pode ficar angustiada, com raiva da mãe, desenvolver fantasias e passar a ter problemas na escola. Mesmos que tenham idade para compreender, os filhos não gostam de ouvir ninguém falando mal de seus pais.

2. Você tem seu quarto na sua casa, aqui não precisa ter.

O quarto não precisa ser exclusivo da criança, já que ela costuma ficar menos tempo na casa do pai. Pode funcionar também como escritório ou sala de TV. Mas, havendo possibilidade, é importante que o enteado tenha pelo menos a cama e alguns pertences nesse espaço para se sentir à vontade e saber que a casa do pai também é dele.

3. "Quem pariu Mateus que o embale."

Não é bem assim. O pai espera que a companheira o ajude nos cuidados com o filho.

4. Não quero suas fotos na minha casa.

É importante que a criança esteja em uma das fotos dos porta-retratos da casa para se sentir bem-vinda nesse lar.

5. O seu pai já paga uma pensão gorda, peça a mochila à sua mãe.

Se a madrasta não concorda que o pai compre um item extra, deve dizer a ele, e não à criança. Do contrário, o enteado achará que ficou sem o presente por causa da madrasta, ainda que a decisão final tenha sido do pai. A madrasta pode dar sua opinião, mas quem decide sobre temas relativos à criança é sempre o pai ou a mãe.

6. Não gostou da comida? Peça para sua mãe, que nem sabe cozinhar, fazer melhor.

Falar mal da mãe, criticá-la ou diminuí-la só faz com que a criança fique ressentida com a madrasta e se afaste dela cada vez mais.

7. Seu pai não vai comprar nenhum presente de Dia das Mães.

Basta não comprar, não precisa falar nada. Mas, se a madrasta incentivar a compra ou providenciar uma lembrança, marcará muitos pontos com o enteado, e isso contribuirá para que vivam em harmonia.

8. Saia do colo do seu pai, parece um bebê.

O ser humano precisa receber afeto dos pais durante o crescimento. Ficarem abraçados ou no colo pode ser um momento de intensa troca afetiva entre pai e filho. A madrasta deve controlar o ciúme.

9. Você não se parece em nada com seu pai. Será que é filho(a) dele mesmo?

Campeã no quesito desrespeito à criança, essa frase estaria em uma adaptação dos contos de fadas para os tempos atuais. Se houver dúvida, o pai deve solicitar um teste de DNA, sem o conhecimento do filho. Se o resultado for negativo, a criança tem de ser informada por uma pessoa de sua inteira confiança, na hora certa e do jeito certo.

CAPÍTULO 2
OS OUTROS PERSONAGENS PRINCIPAIS

Uma separação provoca uma revolução na vida da família. A madrasta precisa entender que os personagens principais dessa história – o pai, a criança e a ex-mulher – estão sofrendo e, sempre que possível, contribuir para amenizar a dor. Mesmo que o rompimento tenha ocorrido há anos, a chegada de uma nova mulher na vida do pai reacende as feridas. A ex-mulher tende a agir defensivamente, atitude típica da fase pós-separação. Quanto mais a madrasta entender o que está acontecendo, mais elementos terá para administrar esse turbilhão de emoções.

O homem é quem, usualmente, sai de casa: vai para um *flat*, para um apartamento ou para a casa dos pais. Sua vida doméstica precisa ser reorganizada, ele sofre com a ausência dos filhos e com a possibilidade de a ex-mulher arrumar um novo namorado.

Com a saída do marido, a mulher tem de fazer adaptações na rotina da casa. Precisa conversar com o filho sobre algo que dificilmente se explica e menos ainda se entende: por que o casamento chegou ao fim. Tem de ficar atenta a eventuais mudanças de comportamento da criança em casa e na escola, e ainda se preocupar com a possibilidade de o ex-companheiro arrumar uma namorada.

Exceto casos raros, a criança não quer que os pais se separem. Ela espera que encontrem uma forma de se entender e que voltem a viver todos juntos como se nada tivesse acontecido. Sofre com a saída do pai de casa, com a chegada da nova namorada do pai ou do novo namorado da mãe.

Não bastasse esse emaranhado de sentimentos, a família ainda tem de enfrentar a separação judicial, especificar modalidades de guarda, dias de convivência, valores de pensão alimentícia, partilha de bens, entre outros detalhes. É muito desgastante! Mesmo assim, o casal deve tomar providências imediatas para oficializar a separação. Prolongar essa fase não é bom para ninguém.

Como contar aos filhos sobre a separação?

O importante é dizer a verdade, mas nem todos os fatos precisam ser explicitados. Se a causa foi traição, é preciso ponderar se os filhos terão maturidade para escutar e se manter imparciais nesse momento delicado; talvez não tenham. A menos que a intenção do traído seja colocar as crianças contra o traidor, a revelação é inadequada. O casal se separa, mas continuam a ser pai e mãe. Em consideração aos filhos, jamais devem falar mal um do outro. Devem explicar onde as crianças vão morar e como será a convivência com aquele que saiu de casa. Devem assegurar que não estão se separando por causa delas e que continuarão a ser muito amadas. A aflição dos filhos é muito menor quando os pais têm o cuidado de explicar tudo em detalhes.

CAPÍTULO 2: OS OUTROS PERSONAGENS PRINCIPAIS

É natural sentir-se frustrado com o fim da relação, e um período de luto é compreensível. Nessa fase, a tristeza e a ansiedade podem aumentar o risco de doenças como úlcera e depressão, daí a importância de ficar de olho na saúde e também fazer terapia.

Com o tempo, a tendência é que tanto o pai quanto a mãe comecem a reconstruir sua vida. Caso optem por um segundo casamento, surgem novos desafios, como reunir sob o mesmo teto os filhos de casamentos anteriores, bem como os frutos do novo relacionamento.

Ao juntarmos todos na mesma casa, é importante lembrar que cada um tem a sua personalidade. Forçar uma relação maravilhosa de amor nem sempre é possível, mas regras de convivência que priorizem o respeito são fundamentais.

Diálogo, então, nunca pode faltar. Os integrantes da família devem conversar com freqüência sobre as dificuldades encontradas e se esforçar para que a fase de adaptação transcorra rápida e tranqüilamente.

Logo, o sucesso da empreitada depende não só da madrasta, mas de todos os personagens envolvidos. Contudo, ao entender a atuação de cada um deles, ficará mais fácil para a madrasta se colocar no lugar dos outros e oferecer apoio quando necessário.

Até quando tolerar o enteado

Uma madrasta que não aceita incluir o enteado na vida dela e do marido me perguntou até quando terá de recebê-lo em casa. Respondi que o vínculo entre pai e filho sempre existirá, por isso é melhor estar disposta a aceitá-lo. Se a madrasta se dedicar a construir um bom relacionamento enquanto são crianças, depois poderá descansar e colher os frutos do que plantou. Mas, se abandonar o enteado, há grandes probabilidades de ele passar o resto da vida tentando ser aceito. Hoje, o garoto procura chamar a atenção por meio de pequenos comportamentos inadequados; no futuro, pode recorrer a drogas, roubos, bebidas. Mas, se for incluído na família e tiver espaço na casa paterna, crescerá confiante e seguirá a própria vida.

A ex-esposa

A mulher separada sente-se magoada, assustada, frustrada, traída, insegura em relação ao futuro e à responsabilidade de criar os filhos sozinha, por mais que receba ajuda financeira e o pai seja presente na vida das crianças.

Enquanto tudo parece afundar em um vazio enorme, em uma frustração devastadora, o ex-marido aparece com uma namorada. "Já?", é a primeira reação. "Mas nem deu tempo para o período de luto e lá está ele namorando. Aposto que já estava saindo com essa sirigaita antes da separação", conclui, cheia de ressentimentos.

Ela assiste a seu ex-marido e seu filho conviverem, agora, com uma mulher que ela não sabe quem é, como vai agir ou o que ensinará à criança. Fica atormentada com a dúvida: "Será que ela cuidará bem do meu filho?". Vê todo o seu ex-espaço ser invadido: a casa da ex-sogra, da ex-cunhada, e muitos de seus amigos agora são também amigos da madrasta e talvez nem a convidem mais para os eventos.

CAPÍTULO 2: OS OUTROS PERSONAGENS PRINCIPAIS

A ex-mulher ressentida pode trazer muitos problemas, como falar mal da madrasta para a criança, e assim o filho passará a odiar a "namorada do papai". Mas, ao contrário, se a ex-mulher aceitar o novo relacionamento do ex-marido, tudo ficará mais fácil. A criança terá autorização para gostar da madrasta e poderá conhecê-la naturalmente no dia-a-dia sem nenhum tipo de interferência.

Existem outras condutas da mãe da criança que não são bem-vindas: telefonar o tempo todo para a casa do ex-marido para pedir favores ou mais dinheiro, reclamar que o filho voltou do fim de semana com algum problema, que a madrasta o tratou mal... Enfim, uma série de questões! Instalar um detector de chamadas ameniza o problema, mas não acaba com ele. A postura firme do ex-marido é a melhor solução.

Mais de 80% das madrastas que se correspondem comigo por *e-mail* têm problemas com a ex-mulher de seus companheiros. Quando iniciei o relacionamento com o meu marido, esse era um dos meus maiores temores. Logo, porém, constatei que eu era uma madrasta privilegiada, pois a ex-esposa dele nunca falou mal de mim para as crianças.

O presente

Esta história foi contada por uma madrasta do fórum:
Minha enteada trouxe uma cartela de adesivos e disse: "Lia, é pra você". Sorri, agradecida, e fui olhar o presente. Eram adesivos da Branca de Neve com várias imagens da madrasta bruxa. Perguntei quem havia comprado os adesivos para ela me dar. A menina respondeu: "Foi a minha mãe".

Uma ex-mulher com mentalidade aberta facilita (e muito!) o convívio, como se pode depreender da história de Eli. Mãe de um garoto de quatro anos, ela participa do fórum e enriquece nossas reflexões. Por meio de suas angústias, pudemos entender como é difícil para a mãe mandar o filho para a casa do pai e da madrasta e perder parte do controle materno. Certo dia, ao devolver o menino, o pai disse que havia algo errado com o filho, um atraso de desenvolvimento causado talvez por uma síndrome. Eli percebeu nisso o dedo da madrasta, como uma tentativa de provar que a mãe não cuidava bem do filho. Mesmo assim concordou em submeter a criança à uma avaliação médica e psicológica e nenhuma anormalidade foi encontrada.

As madrastas palpiteiras do fórum chegaram à conclusão de que era apenas mimo excessivo, algo que é comum acontecer após a separação. A mãe fica sozinha com a criança, dorme na mesma cama, enche-a de cuidados... O menino estava sendo tratado como bebê e por isso não amadurecia. O pai e a madrasta, que ficavam menos tempo com a criança e tinham hábitos diferentes, começaram a perceber algo estranho. Hoje o garoto é acompanhado por psicóloga e fonoaudióloga, dorme no próprio quarto e está crescendo normalmente. Se a ex-mulher não fosse aberta a sugestões e não tivesse procurado auxílio especializado, a suspeita de síndrome poderia assombrar a família durante anos.

CAPÍTULO 2: OS OUTROS PERSONAGENS PRINCIPAIS

Algumas ex-mulheres são capazes de gestos ainda mais surpreendentes, como tentar apaziguar a família mesmo sabendo que os filhos foram maltratados pela madrasta. Uma ex-mulher, participante do fórum, chegou a mandar um *e-mail* aos filhos pedindo para perdoarem a segunda mulher do pai. Dizia que a madrasta queria ajudar, apesar de muitas vezes ter cometido erros. Explicou que a madrasta quis ser a mãe das crianças, o que, além de perigoso, é impossível, e que ficou frustrada ao perceber que esse papel definitivamente não era dela. Mas, mesmo sem ser mãe, essa mulher ajudou muito na criação dos filhos e o seu esforço precisava ser reconhecido. Dou os parabéns a essa ex-esposa, pois não deve ser fácil assumir essa postura.

No extremo oposto, ex-mulheres dominadas pela dor da separação e mal-resolvidas como mulher, profissional ou mãe são capazes de cometer atos insanos, como sumir com o filho no fim de semana que é do ex-marido, afastar a criança do pai, como se a guarda do filho implicasse propriedade, ou arquitetar planos contra o ex-marido, sem perceber que assim destroem a vida do próprio filho.

Muitos pais têm de lutar judicialmente para conseguir ver os filhos, mas nem sempre conseguem, já que a ex-mulher se recusa a cumprir o acordo. Às vezes, pressionada pela mãe, a criança diz ao pai que não quer ficar com ele. Quando este insiste, ela chora tanto que o pai acaba mesmo desistindo por não querer forçar o convívio, e a relação entre os dois fica abalada.

A reviravolta

De repente, a ex-mulher insuportável e amargurada muda completamente. Pára de infernizar a vida do ex-marido e da madrasta. Não manda mais uma listinha de recomendações, não telefona de hora em hora pra saber como estão. Pai e madrasta ficam assustados e ressabiados: será possível tamanha transformação? Sim. É que a ex-mulher começou a namorar e, para sua surpresa, o namorado também tem filhos do casamento anterior. Agora que virou madrasta, passa a tratar melhor a madrasta de seus filhos porque entende a posição dela. Encontrou outras motivações para viver, compreendeu que um amor cura outro e todos têm o direito de ser felizes.

Conforme o tempo passa, é de esperar que a ex-mulher retome sua vida e supere a perda, com a ajuda do trabalho, dos estudos, de um novo namoro. Seja como for, ela estará presente para sempre na vida do marido da madrasta. Portanto, tudo ficará mais fácil se ambas se entenderem.

O que a madrasta pode fazer • A madrasta pode avaliar, desde o início, as atitudes da ex-mulher e tranqüilizá-la demonstrando suas boas intenções em relação à criança. A ex-mulher não sabe quem é essa estranha que se aproximará de seu filho. Somente o dia-a-dia mostrará quem é quem nessa trama.

Muitas vezes a madrasta e a ex- dizem que se odeiam, falam mal uma da outra, mas na verdade nem se conhecem. Quando finalmente conversam, descobrem que a outra é uma pessoa simpática, comum. Então, em vez de acreditar em mitos e suposições, conversem ao menos uma vez. Mas, se houver uma tentativa de aproximação e suas piores suspeitas se confirmarem, quanto menos vocês se falarem, melhor.

CAPÍTULO 2: OS OUTROS PERSONAGENS PRINCIPAIS

O pai

É bem provável que o pai esteja triste por ficar longe dos filhos, não acompanhar de perto seu crescimento e não participar do cotidiano dos pequenos. Ele sofre, especialmente se era um pai presente.

O sentimento de culpa pela separação e o medo de perder as crianças podem levá-lo a se sujeitar a todo tipo de exigências feitas pela ex-mulher. Se tiver dó das crianças, talvez insista em realizar todas as vontades delas – comprar o que quiserem, permitir que fiquem acordadas até tarde –, criando, assim, pequenos monstros.

Prisioneiro das emoções

É comum ocorrerem três sentimentos após a separação que podem prejudicar muito a vida do pai:

Culpa, porque foi embora de casa, abandonou a criança e causou-lhe transtornos. Pode achar que não merece mais nada de bom na vida e ser levado a uma existência medíocre: voltar a morar com os pais e ir de casa para o trabalho, do trabalho para casa.

Medo de prejudicar os filhos ou de perder o direito de vê-los. Em nome deles, abre mão da casa, do carro, paga todas as despesas das crianças e da casa. Aceita chantagens e abusos da ex-mulher para que não fique contrariada e dificulte o acesso aos filhos.

Dó, pela separação e eventuais carências que os filhos possam ter. Então, não só procura poupá-los, mas realiza todas as vontades deles. Diz: "Já sofreram tanto, ainda vou negar os brinquedos que eles querem?"; "Só ficam comigo um fim de semana a cada quinze dias e ainda vou mandá-los tomar banho?".

Os filhos precisam do "não" para saber que os pais se preocupam com eles. Sentem-se amados e protegidos quando recebem cuidados. Só que esse pai talvez considere que educação e cuidados são obrigações da mãe, já que ela detém a guarda e mora com as crianças, sendo, portanto, a única responsável.

Agora imaginem a chegada da madrasta na casa desse "pai de fim de semana". Ela fica horrorizada porque as crianças não têm modos, fazem muita sujeira e não respeitam ninguém. O pai, que inicia o novo relacionamento cheio de dúvidas e até com traumas do relacionamento anterior, pode achar que a namorada não gosta dos filhos ou que não tem paciência. E, para poupar as crianças, desautoriza a madrasta na frente delas. Aí é que as chances de a namorada ocupar um espaço dentro daquela casa ficam ainda mais limitadas.

Como se não bastassem esses conflitos, alguns homens demoram a legalizar a separação, pois sabem que isso pressupõe dividir os bens com a ex-mulher, definir pensão alimentícia, estipular dias e horários de visita. É mais cômodo deixar tudo como está. Não raramente, só consolidam a separação por insistência da madrasta, desconfortável com a idéia de namorar um homem que ainda tem vínculo legal com a ex-mulher.

Luíza viu-se, de repente, nessa situação. Tomou um susto quando soube que o namorado era descasado e outro ainda maior ao descobrir que ele tinha uma filha de um ano. Ele morava na casa dos pais, mas ia à casa da ex-mulher para os dias de visita. Para não magoar a ex-, colocava a aliança no dedo antes de entrar e ficava adiando a ida ao advogado para formalizar a

CAPÍTULO 2: OS OUTROS PERSONAGENS PRINCIPAIS

dissolução do casamento, mas não percebia que assim dava a ela a esperança de que a separação fosse temporária.

Depois de muito argumentar, Luíza o convenceu a parar de usar a aliança, e também conseguiu que ele levasse a filha para a casa dos pais em vez de ficar na casa da ex-. Passou a participar dos passeios com a menina, até que a criança falou "titia Luíza" pela primeira vez. Para evitar que a filha repetisse o nome da namorada para a mãe, o pai tentou barrar a madrasta dos passeios. Ainda bem que Luíza não aceitou essa proposta. Um dia aconteceu o que o pai temia: a ex-mulher perguntou quem era Luíza. Em vez de aproveitar a oportunidade e abrir o jogo, ele mudou de assunto.

Pressionado por Luíza – afinal, ele não estava fazendo nada de errado –, ele contou à ex- que estava namorando. Imediatamente aconteceu o que ele tanto temia: a ex- cortou o livre acesso à casa dela e não quis que a filha convivesse com a madrasta. "Afinal, quem é essa moça?", "Por que ele não falou antes?". Finalmente, ele percebeu que não tomar decisões desde o início foi o que faltou para organizar a sua vida. Conversou com um advogado e deu entrada no processo de separação. Assim que os valores forem estipulados e os dias de convivência garantidos, poderá pegar a filha, que voltará a ter contato com a madrasta.

Em uma primeira avaliação poderíamos dizer que esse homem é um canalha, mas, na verdade, ele mistura medo com bom coração. Não quer magoar a ex-, porque receia que ela o afaste da filha quando souber da namorada. Então, reza para ela arrumar um namorado quando deveria entender que todos perdem um pouco com a separação. A família vive agora uma nova realidade, que deve ser enfrentada com firmeza.

O que a madrasta pode fazer • A madrasta só tem uma saída: conscientizar o pai de que ele não é culpado pela separação. Quando um casal se separa, ambos participam do processo, mesmo que um tenha colaborado mais do que o outro.

O pai tem de entender que não precisa fazer tudo o que a ex-quer. O que é justo já foi combinado no momento da separação. Ele tem, sim, o direito de refazer sua vida ao lado de outra mulher e, para isso, necessita de tempo livre e dinheiro para lazer.

O processo de adaptação normalmente é lento, ainda mais se levarmos em conta os traumas do primeiro casamento. A madrasta precisa ter habilidade para detectá-los e alertar o namorado quando as soluções adotadas por ele não forem as melhores. Não adianta falar mil coisas ao mesmo tempo e só criticá-lo, é preciso ajudá-lo. É um trabalho de formiguinha que requer Santa Paciência (ver Dicionário das madrastas).

A parte mais difícil é conseguir que o pai imponha regras, limites e rotina para os filhos quando eles estão na sua casa. Tais regras podem ser diferentes das vigentes na casa da mãe porque as crianças conseguem se adaptar. E o pai tem todo o direito de tirar privilégios dos filhos caso eles não respeitem o combinado.

É compreensível o fato de a madrasta ser tão temida pela maioria das ex-mulheres. Quando ela aparece, o homem corta alguns gastos com a ex- e com os filhos, pois começa a

CAPÍTULO 2: OS OUTROS PERSONAGENS PRINCIPAIS

gastar consigo também. Pára de ceder a tudo o que a ex- quer, pois passa a ter os próprios compromissos, além de tratar os filhos de maneira mais adequada (em relação ao período em que ele estava separado da mulher sem namorar a madrasta), o que a ex- pode interpretar como falta de amor.

A criança

São grandes as probabilidade de os filhos estarem infelizes com a separação dos pais. A presença da madrasta acaba de vez com a esperança de uma reconciliação, o que pode deixá-los muito frustrados, levando-os a culpar a recém-chegada pelo fim do casamento dos pais.

Não adianta o pai esconder o namoro buscando preservar o filho de alguma tristeza. Mentiras subsistem por quanto tempo? O melhor é contar primeiro, assim que tiver certeza de que o relacionamento é estável, e contornar os problemas depois. Talvez não aconteça metade do que foi fantasiado antecipadamente, já que a criança pode aceitar mudanças melhor do que o adulto.

O que dificulta a experiência da separação para a criança é o fato de poucos casais conseguirem resolver os detalhes pacificamente por falta de maturidade. É corriqueiro homem e mulher deflagrarem uma guerra emocional, cheia de mágoas, ressentimentos e vinganças, deixando os filhos no meio do tiroteio: testemunham muitas brigas e ouvem queixas de todo lado.

A criança ama pai e mãe e não quer, nem deve, tomar partido de nenhum dos dois ou dar razão a um deles. Poderia até responder: "Procurem alguém do tamanho de vocês para conversar". Já os pais deveriam se desculpar por brigar na frente do filho, explicar que estão agindo errado e se comprometer a evitar isso no futuro. O cuidado se justifica, pois os dois estão se tornando um ex-casal, mas jamais serão ex-pai ou ex-mãe.

As pesquisas a seguir têm mostrado que o que faz mais estrago não é a separação em si, mas o fato de os pais nem sempre pouparem a criança. O cientista americano Dave Riley, professor da Universidade de Madison, comparou filhos de divorciados que se tratavam de maneira civilizada e dos que viviam em clima de guerra. As crianças do primeiro grupo tinham bom desempenho escolar e eram emocionalmente tão saudáveis quanto os filhos de casais estáveis. Já os do segundo grupo tinham mais problemas, só que em proporção semelhante à dos filhos de pais casados que brigavam o tempo todo.

> ### Onde mora o perigo
>
> Cinco fatores prejudicam os filhos de pais divorciados, segundo pesquisas efetuadas pelo cientista americano Dave Riley, da Universidade de Madison:
>
> 1. O pai, ou a mãe, desaparecer após a separação.
> 2. A criança passar por dificuldades econômicas.
> 3. O número de irmãos ser grande e ficar difícil cuidar de todos.
> 4. O adulto que tem a guarda, ou a própria criança, sofrer de depressão.
> 5. A criança se afastar de sua rede de amigos e parentes (mudar de cidade, por exemplo).

A socióloga americana Constance Ahrons, de Wisconsin, chegou a conclusões interessantes depois de acompanhar 173 filhos

CAPÍTULO 2: OS OUTROS PERSONAGENS PRINCIPAIS

de divorciados por vinte anos. Observou que estes amadureciam mais rápido do que a média, apesar – ou talvez por causa – dos divórcios e dos novos casamentos dos pais. Outros trabalhos também levantaram evidências de que a separação pode ensinar a criança a ter mais independência, maior capacidade de negociação e grande poder de adaptação a novas realidades. Tudo vai depender de como os adultos conduzirem o assunto.

Uma prática comum, e nada civilizada, é o detentor da guarda usar a própria criança contra o ex-cônjuge. Como a guarda geralmente é confiada à mãe, a criança tende a acreditar em tudo o que esta diz a respeito do pai e da madrasta e, portanto, se não tiver autorização da mãe para gostar da madrasta, tratará mal essa "mulher maligna".

Um indício de que a criança está sendo manipulada pela mãe é o fato de ela chegar arredia à casa do pai e se dirigir à madrasta com grosseria e indiferença. Nem sempre ela age assim por escolha própria. Nesse caso, a madrasta deve estar preparada para ouvir alguns clichês, como "Se você não existisse, o meu pai daria mais dinheiro para a minha mãe", "Foi por sua causa que o meu pai se separou da minha mãe" ou "Se você não existisse, o meu pai voltaria a viver com a minha mãe".

Mas é preciso considerar outras hipóteses e não realizar julgamentos precipitados. Às vezes a criança chora, não quer sair com o pai ou tenta magoar a madrasta, não porque foi envenenada pela mãe, mas sim porque está com dificuldade para entender a separação e aceitar a existência de uma nova companheira para o pai.

O enteado pode estar com ciúme dessa nova mulher com a qual tem de dividir o pai. Se for enteada, então, a relação pode ficar ainda mais tensa: a madrasta sente que há uma versão miniatura da ex-mulher dentro de sua própria casa.

Talvez as crianças não gostem da madrasta porque temem ser maltratadas, como as heroínas dos contos de fadas. Essas situações podem causar conflitos desnecessários e, por isso, é importante que os pais conversem entre si para detectar a causa do problema.

O diálogo também se faz necessário quando a criança começa a mentir, na tentativa de chamar atenção ou de manipular os pais. Antes de acreditar nos seus relatos, cheque os fatos: se o filho perceber que existe cumplicidade entre os adultos (pai, mãe, madrasta), não haverá espaço para mentiras. Mas, se um deles aproveitar a deixa para falar mal do outro, a criança encontrará condições propícias para manipular a todos. Portanto, sejam maduros e não coniventes com a mentira.

O que a madrasta não pode, em nenhuma circunstância, é responder às provocações de forma agressiva e destrutiva. Se assim fizer, demonstrará insegurança emocional, dando sinal de que ainda não compreende a delicada teia de relações em que está envolvida.

O que a madrasta pode fazer • Ter sempre muita maturidade diante dos problemas que forem surgindo. Por mais irritada que estiver, deve resistir à tentação de colocar a criança no seu devido lugar. O mais sensato é fazer "cara de paisagem" (ver

CAPÍTULO 2: OS OUTROS PERSONAGENS PRINCIPAIS

Dicionário das madrastas). Afinal, a madrasta é a parte adulta do relacionamento.

Se a criança demonstrar ciúme nos dias de visita, não queira concorrer com ela. Nós já fomos crianças um dia e gostávamos de receber atenção do nosso pai: passear, ir ao cinema, brincar no parque. Deixe os filhos desfrutarem a companhia paterna, mas participe. Tente conquistar seu enteado e integrá-lo à nova família, lendo livrinhos, preparando uma sobremesa gostosa e tudo o mais que você faria para o seu próprio filho. Ou dê um tempo. Aproveite para tomar um banho demorado.

Não deixe a criança perceber que a presença dela agarrada ao pai a incomoda, pois ela pode grudar ainda mais para irritá-la. Faça o inverso, incentivando a aproximação: "Corra, vá abraçar o papai porque ele estava morto de saudade!" Ela vai perceber que você gosta de que eles fiquem juntos e não vai achar que tem de disputar espaço com você.

Garota ziguezague

Uma ex-esposa que participa do fórum narrou uma conversa que teve com a filha. A menina traduziu como se sente um filho de pais separados:
"Tenho uma vida ziguezague", afirmou a garota de sete anos.
Surpresa, a mãe perguntou o motivo daquela comparação.
"Porque um dia eu durmo na nossa casa, um dia na vovó e um dia no papai, igual ao ziguezague. Cada hora vou para um lugar."
A mãe tentou explicar por que a menina dormia cada vez em um lugar e ouviu a seguinte resposta:
"Eu entendo, mãe, mas continuo achando que esta vida ziguezague não é fácil. Um dia vou ter meu próprio marido, uma casa e muitos cachorros".

À medida que o tempo for passando e as boas atitudes da madrasta forem acontecendo, a criança verá que as coisas não são exatamente como a mãe diz nem como aparecem nos contos de fada. Também é importante que o pai converse com a criança e lhe mostre que as eventuais observações feitas pela mãe não condizem com a realidade da casa dele.

Convém apresentar à criança o lado positivo da situação. A madrasta pode comentar: "Seus pais se separaram, mas foi melhor assim, pois agora não brigam mais. O seu pai é uma pessoa presente em sua vida mesmo morando em outra casa".

Na maioria das vezes, quanto menor a criança, mais fácil será para a madrasta conquistá-la. O amor pode ser construído desde cedo, criando-se um vínculo bem mais estável, com lembranças da infância. Além disso, o fato de ter menos recordações da época em que os pais eram casados também facilita a aceitação da nova estrutura familiar. Já o relacionamento com adolescentes costuma ser um pouco mais complexo, uma vez que nessa fase é comum os filhos desafiarem os pais e, por conseqüência, a madrasta.

Nos casos em que a diferença de idade entre madrasta e enteados for pequena, não convém agir como amiga. A relação pode e deve ser cordial, mas é preciso manter certa hierarquia. O pai deve exigir que os filhos respeitem a nova companheira.

O reverso da medalha

Nem sempre a madrasta está interessada em investir no relacionamento com os enteados. Uma garota de 15 anos, órfã de

CAPÍTULO 2: OS OUTROS PERSONAGENS PRINCIPAIS

mãe, escreveu contando sua difícil convivência com a madrasta, de 23 anos: "No começo, eu fazia de tudo para agradá-la, dizia que gostava dela, mandava cartões, mas era pouco correspondida. Agora, temos uma relação razoavelmente tranqüila, uma tentando suportar a outra. Às vezes, ela é amável, outras, insuportável; não consigo entender um comportamento tão volúvel. Só sei que dá muita inveja de quem ainda tem a mãe".

Compreendo o lamento dessa adolescente porque eu também não entendia a minha madrasta. Fiquei feliz quando o meu pai começou a namorar, aprovei o relacionamento, mas mal sabia que minha madrasta faria de tudo para nos afastar. Ela não conseguiu, mas precisei engolir muitos sapos para não desistir da convivência com o meu pai.

Se você vive uma situação semelhante, não deixe que isso aconteça com você! Ele é seu pai antes de qualquer coisa. Experimente conversar com sua madrasta. Diga quais são as atitudes dela que a chateiam. Abra espaço para ouvi-la e proponha começarem do zero.

Saídas em grande estilo

Um dos recursos mais utilizados pelos enteados para constranger a madrasta é recordar passeios e momentos felizes vividos com os pais antes da separação; outro é fazer comentários ácidos. Veja como contornar duas situações delicadas:

- "Lembra, papai, de quando eu, você e a mamãe fomos ao zoológico e o macaco pulou na cerca?" Nesse momento, a madrasta deve demonstrar interesse pelo ocorrido: "O macaco pulou na cerca? Vocês se assustaram? Eu adoro passear no zoológico, vamos lá qualquer dia desses?"

> • A criança diz: "A lasanha que a minha mãe faz é muito mais gostosa do que a sua!" A madrasta pode responder: "A mamãe é mesmo muito boa para fazer comidas gostosas, não é? O que mais ela faz que é muito gostoso?" Mesmo que a vontade seja dizer: "Então não coma, assim sobra mais", agüente firme. Se a criança perceber que você se irrita com essas provocações, ela atacará ainda mais.

Muitas madrastas não têm nem idéia do que vão enfrentar e por isso o diálogo é necessário. Quem sabe você consegue abrir os olhos dela. Tente resgatar o relacionamento para que todos vivam bem. Converse também com o seu pai. Talvez ele precise interferir nesse comportamento inadequado de sua madrasta.

E como fica o padrasto?

Sempre me perguntam se o padrasto passa pelos mesmos problemas que a madrasta. A vida do padrasto geralmente é bem mais tranqüila porque ele não se envolve tanto – leia-se, não se intromete tanto – quanto a madrasta.

Dificilmente o homem se preocupa, por exemplo, se a roupa que veio na mochila para o fim de semana combina com o sapato, ou tampouco se arruma para ficar mais bonito do que o ex-marido.

O padrasto sai cedo para trabalhar e volta no fim do dia. A maior parte dos problemas domésticos é da mãe, mesmo que ela também trabalhe fora. Ele pode até achar o ex-marido um idiota, mas não deve divulgar isso, por exemplo, escrevendo em sua página no Orkut®.

Em outras palavras, a madrasta é mulher. Temos de admitir que nós, mulheres, invadimos muito mais o papel da mãe do que o padrasto invade o papel do pai. Isso deixa a ex-mulher enciumada, o que pode gerar competição. Daí a necessidade de colocar em ação altas doses de bom senso.

Capítulo 3

O elenco de coadjuvantes

A madrasta, a ex-mulher, o pai e a criança são os personagens principais quando se inicia um novo relacionamento após a separação. Os coadjuvantes são as três famílias. Este capítulo aborda dúvidas, sentimentos e temores de parentes, amigos e outras figuras que participam dessa história.

Os avós

Os pais do ex-casal ficam arrasados com a separação. Ninguém quer que os filhos enfrentem desilusões amorosas e o fim de um casamento; menos ainda que os netos sofram com isso.

Em geral, os avós maternos têm mais contato com os netos, ajudando com a criação e a educação, principalmente se a guarda é conferida à mãe que trabalha fora. Para os avós paternos, sobra apenas o domingo a cada quinze dias, quando o pai leva a criança para visitá-los.

Há de ser muito frustrante ver o casamento de um filho se acabar em desamores e rancores. As constantes brigas podem ter desgastado o relacionamento de todos, não só do casal. Ambas as famílias estão inseguras e todos precisam de um período de luto antes de tocar o barco para a frente. Receosos de novos relacionamentos, fracassos e decepções, os avós tendem a reagir com desconfiança à presença da namorada (ou namorado) dos filhos.

> ### Minha sogra não gosta de mim. Devo me afastar dela? E as crianças?
>
> Tente relembrar quando a antipatia começou e qual seria o motivo. Uma solução para resolver o problema seria o seu companheiro intermediar uma conversa, mas a iniciativa também pode partir de você. Fale com ela, abra o seu coração, diga que não quer mais viver assim, que quer viver em harmonia e que vocês poderiam esquecer as mágoas e começar uma nova história. É claro que também vai depender da aceitabilidade dela, e aí é que entra o seu companheiro. Ele pode preparar o terreno, ajudar sua sogra a acatar a idéia.
>
> Se não houver mesmo um acordo e a avó for carinhosa com as crianças, não há porque afastá-las, mesmo que você tenha vontade de fazer isso para punir sua sogra.

Os avós precisam apenas de tempo para se adaptar à nova realidade. Quando perceberem que o filho está feliz, bem encaminhado na vida e que a relação é estável, passarão a respeitar a recém-chegada.

Família da ex-esposa

O pai e a mãe da ex-mulher ficam em pânico! Com a chegada da madrasta, a esperança de ver o casal reconciliar-se vai embora e dá lugar às preocupações:

"Será que essa mulher afastará o ex-genro dos filhos?"

"Será que ela vai incentivá-lo a não mais dar dinheiro para as crianças?"

"Será que ela vai querer tomar o lugar da mãe?"

"Será que vai cuidar bem da criança quando ela estiver em sua companhia?"

São muitas dúvidas e, a julgar pelo que ouvem falar sobre muitas madrastas más, a família acredita ter sérios motivos para se preocupar. Na verdade, os pais da ex-mulher também podem ajudá-la a aceitar as mudanças e incentivá-la a reconstruir sua vida, em vez de acobertarem atitudes reprováveis, como afastar os filhos do pai ou odiar o ex-.

Família do pai

A maior preocupação dessa família é o aparecimento de novos relacionamentos problemáticos. Quando o filho começa a namorar, as dúvidas mais comuns são:

"Será que essa mulher o fará feliz?"

"Será que os mesmos erros se repetirão?"

Muitas vezes essa família está tão magoada que prefere não criar laços afetivos com a nova namorada, como mecanismo de defesa. Pode ser que os avós ainda estejam apegados à ex-mulher e alimentem uma esperança de reconciliação pelo bem das crianças. Esta também é a principal razão para muitos avós paternos se esforçarem para manter boas relações com a ex-nora: para não perderem o convívio com os netos.

Quando começam a namorar, é bem provável que a escolhida do filho não aprove esse contato mais íntimo e se afaste da futura sogra, como aconteceu a uma madrasta do fórum: ela ficou muito ofendida durante a primeira comunhão do enteado. Ao entrar na igreja, a sogra passou pelo banco em que ela estava em companhia do pai do menino, acenou para os dois, mas foi se sentar ao lado da ex-esposa.

A sogra poderia ter se sentado ao lado do filho, o que seria mais apropriado e educado. Mas a madrasta precisa entender que, ao se afastar da ex-nora, os avós paternos muitas vezes são privados do contato mais próximo com os netos, o que é doloroso também para as crianças.

Para evitar problemas, é sempre bom usar o bom senso. Os avós podem ir à casa da ex-nora se quiserem, mas não precisam manter a foto do casamento que já terminou exposta em casa.

Há casos em que a família paterna assume completamente o relacionamento com a criança e negligencia a participação do pai. Luciana contou que seu noivo pega o filho a cada quinzena e leva-o para a casa dos avós, mas ela desistiu de participar das visitas porque a sogra e o cunhado tiram completamente a autoridade do pai da criança. "Meu cunhado ensinou o meu enteado a chamar o pai de bundão, dá para acreditar?", contou.

Em paz com os cunhados

Às vezes o mais difícil para a madrasta não é ajustar os ponteiros com os sogros, mas com os irmãos do marido. Talvez haja uma irmã, que ainda é muito amiga da ex-mulher e que olha enviesado para a madrasta. Entretanto, uma atitude como essa denota falta de respeito ao irmão que se separou e tem uma nova companheira.

É importante que os familiares sejam amistosos, mesmo porque a vida dá voltas e um dia pode acontecer com eles também. Tenho dois ótimos cunhados que me acolheram bem e sempre foram simpáticos com a ex-. O irmão mais velho do meu marido se casou e trouxe para a família uma mulher carinhosa e prestativa. Ela acabou com a minha teoria de que cunhada é mais difícil de engolir do que cunhado.

Nada impede que o pai leve a criança para ver os avós por algumas horas, mas seria importante que o pai programasse passeios a três – ele, o filho e a madrasta – para se libertar da interferência da família. Os dias de convivência são do pai, e não dos avós.

Família da madrasta

Muito há que se esclarecer até que a família da madrasta descubra que um homem separado com filhos pode ter um segundo casamento feliz. Entretanto, nem a própria madrasta desejaria que a filha se casasse com alguém naquelas circunstâncias, porque ninguém melhor do que ela para antecipar os conflitos que a situação trará e que o dia-a-dia será bem complicado.

Foi exatamente isso que aconteceu comigo. Quando eu conheci o meu marido, ele era noivo e já tinha um filho de seis meses. Em momento algum tive a intenção de paquerá-lo, e, se me dissessem que ele seria o homem da minha vida, certamente eu exclamaria: "Eu? Imagina se vou me casar com um homem que já foi casado e tem um filho!".

Quatro anos depois, quando nos reencontramos, ele estava separado e logo começamos a namorar. Se eu estava receosa de me envolver com um homem que, a essa altura, já era pai de duas crianças, minha mãe estava em pânico! Falou: "Minha filha, você é tão linda (frase básica), tão inteligente (óbvio, se é a mãe quem fala), tão nova ainda (parece que nunca chega a hora), não precisa ter pressa de se casar. Não precisa namorar o primeiro que aparece".

Já era tarde demais. Eu estava apostando na loteria, mas todas as pessoas fazem isso quando se casam. Meu risco até poderia ser um pouco maior, mas as qualidades que o meu marido trazia na bagagem colaboraram para que eu o aceitasse.

É lógico que um pai separado pode ser fiel, amar a segunda mulher e se tornar um excelente partido, mesmo estando fora do padrão de preferência feminina, ou seja, solteiro, sem filhos, sem ex-mulher e sem obrigação de pagar pensão alimentícia. No entanto, a reação da família da madrasta pode ser hostil quando o namorado não demonstra sinceridade.

O noivo de Gisele omitiu a paternidade e demorou um ano para contar a ela que tinha uma filha. "Fiquei arrasada, decepcionada e me senti traída, mas aceitei as razões dele e o perdoei", conta. A família dela não reagiu bem. "Meus pais ficaram furiosos por ele ter escondido esse fato e agora estão contra o namoro."

Não é à toa que a família ficou chocada. Ao esconder a existência da filha, ele foi desonesto com a namorada e não lhe deu a oportunidade de escolher. Quando finalmente contou a verdade, ela já estava envolvida. Essa demonstração de fraqueza deixou a família de Gisele insegura em relação ao caráter do rapaz. Para mudar o quadro, Gisele terá de reafirmar sua escolha e o namorado terá de demonstrar claramente suas boas intenções.

Com o passar do tempo, depois de conhecer as virtudes do pai separado, a família geralmente pára de fazer oposição e compreende que a separação também pode acontecer a homens bons, bonitos, inteligentes e de boa família.

Os amigos em comum

Após a separação, de quem são os amigos do ex-casal? Existem ex-amigos? Tudo vai depender de como acabou o casamento. Se o rompimento foi recheado de mágoas, os amigos mais próximos de um e de outro podem tomar partido e se afastar de quem for considerado o vilão. Em alguns casos, cada ex-cônjuge fica com os amigos que já tinha antes do casamento, e as amizades são separadas naturalmente. Temos, ainda, a possibilidade de os amigos manterem contato com ambos. Se não houver leva-e-traz de informações, esse arranjo pode dar certo.

E quanto aos padrinhos dos filhos? Amigos de infância do marido ou da mulher participam tanto da vida da família que são chamados para padrinho de batismo de um filho. Nesse caso, é preciso cuidado para não afastar a criança do padrinho.

Alguns amigos íntimos conseguem preservar a amizade com o ex-casal e ainda manter as portas abertas para receber os novos namorados de ambos. Quando o bom senso prevalece, as relações costumam ser mais saudáveis.

A babá

Ter ou não uma babá é uma das primeiras preocupações do casal ao planejar os gastos com a chegada do filho, além daqueles com alimentação, escola, vestuário e passeios.

Não é de hoje que as famílias optam por ter em casa uma profissional para ajudar nos cuidados com a criança, e isso se dá por diversos motivos: ou porque a mãe se sente mais segura com a ajuda de uma pessoa experiente ou porque ela trabalha fora e precisa de alguém para cuidar da criança na sua ausência; ou, mesmo que não trabalhe, talvez a mãe queria ter mais liberdade. Seja qual for o motivo, há babás por todos os lados!

O comportamento da babá no contexto da nova família, formada pelos pais separados, namorados e filhos de casamentos diferentes, é mais uma questão delicada que pode gerar momentos de tensão, como os exemplos a seguir.

A mãe, por ser a única responsável pelo salário da babá, impede que o pai use os serviços da profissional nos dias em que fica com os filhos.

Se o pai achar necessário, basta contratar uma babá folguista para ajudá-lo quando estiver com os filhos. O ideal, porém, é não delegar os cuidados com as crianças, e sim aproveitar essas oportunidades para dar banho nelas, alimentá-las e colocá-las para dormir, criando assim vínculos com os filhos. Por não viver na mesma casa, o pai perde a rotina diária e não deve desperdiçar esses momentos preciosos de convívio.

O pai leva a babá, mas ela só aceita as regras da mãe.

A babá tem de se adaptar, porque é possível que existam regras diferentes nas duas casas. Ela pode até comentar quais as diretrizes da casa materna, mas deve acatar os pedidos do pai. Em geral, isso não muda nada na vida da criança e colabora para que todos fiquem em paz.

A mãe faz questão de que a babá acompanhe o pai, mas ele se recusa.

O pai não é obrigado a levar a babá. Se a mãe colocar isso como condição *sine qua non* para ele sair com o filho, o que não consta do acordo de separação, o pai deverá informar ao juiz e pedir uma decisão. Na hipótese de o pai aceitar a presença da babá, mesmo contrariado ele deve sempre se lembrar de que a funcionária não tem nada a ver com os desentendimentos com a ex-mulher e, por isso, não deve ser maltratada.

A babá não deixa a madrasta se aproximar da criança.

O pai deve intervir para evitar que isso aconteça, principalmente longe dos olhos dele. É importante a madrasta e o pai conversarem previamente sobre os momentos em que pretendem ficar a sós com a criança e informá-la sobre o que foi decidido. Devem informá-la também sobre as atividades que delegarão a ela, por exemplo, preparar o jantar ou ir à padaria, podendo até dispensá-la em alguns momentos, deixando-a em casa enquanto fazem um passeio. Parece estranho agir assim, mas essa estratégia evita que madrasta e babá se desentendam o tempo todo.

A babá é leva-e-traz de informações entre as duas residências. Para o bem da família, a babá deve ser discreta e não fazer fofoca. Ela pode contar sobre a criança, mas sem desmerecer o pai, nem a madrasta, nem os familiares paternos. A babá que faz intrigas pode achar que está sendo leal à ex-mulher, que é sua empregadora, mas certamente se surpreenderá quando for mandada embora pelo mesmo motivo.

Para evitar os conflitos descritos acima, o mais indicado é que haja uma babá na casa da ex-mulher e outra na do pai. Porém, será melhor ainda se o pai e a madrasta preferirem cuidar sozinhos da criança, quando esta estiver na companhia deles. Repito: poderá ser uma oportunidade de ouro para criar um forte vínculo com o filho.

A escola

Quando eu era pequena, conseguir vaga para crianças como eu, cujos pais já não viviam sob o mesmo teto, era uma tarefa difícil. Meus pais se separaram há 34 anos, quando eu tinha apenas três anos de idade; ele continuou morando no interior, enquanto minha mãe e eu viemos para São Paulo.

Assim que chegamos, fomos providenciar a minha matrícula em um colégio de freiras. Ao sentar-se, a freira perguntou pelo meu pai; minha mãe, reparando no olhar de soslaio dirigido à mão sem aliança, rapidamente explicou que ele estava viajando. Quando percebeu que sem o marido não efetuaria a matrícula, declarou que voltaria com

CAPÍTULO 3: O ELENCO DE COADJUVANTES

ele para mostrar-lhe o colégio. Dias depois, os dois foram, sorridentes e de aliança no dedo, me matricular na escola.

Certamente, naquela ocasião, não haveria vagas para filha de pais separados: isso não representaria um bom exemplo. Hoje as escolas iriam à falência se não aceitassem essa nova constituição familiar. No entanto, a maioria das escolas ainda falha no atendimento prestado.

Uma sugestão de aprimoramento é a ficha preenchida no ato da matrícula, que identifica o estado civil dos pais, que deveria também conter campos separados para anotação de dois endereços residenciais, diferentes telefones e endereços eletrônicos.

É comum a escola manter contato só com o detentor da guarda, que é quem geralmente faz a matrícula e acompanha a criança no dia-a-dia. Seria recomendável que a direção pelo menos informasse àquele que não detém a guarda sobre datas festivas, notas e outros recados importantes por meio de correspondência ou *e-mail*.

As escolas de ensino fundamental e médio do Distrito Federal, por exemplo, são obrigadas por lei a enviar correspondências regulares ao pai e à mãe que desejarem recebê-las separadamente, informando sobre o desempenho dos alunos. Mesmo que o destinatário não seja o responsável legal pela criança ou adolescente, a iniciativa facilita o acompanhamento da vida escolar dos filhos pelos pais separados. O interesse pela vida escolar demonstra carinho e preocupação, o que provê segurança à criança e aproxima pais e filhos que já não compartilham a mesma casa.

O mais comum, entretanto, é uma divisão de responsabilidades: o pai se encarrega das despesas e a mãe faz o acompanhamento escolar. Porém, nesse arranjo, à medida que ele se afasta da escola, ela fica mais presente, mas isso não lhe dá o direito de impedir a participação do pai.

Mais um trabalho de inclusão

A madrasta nem sempre é bem recebida na escola. Deveria ser, pois sua opinião costuma ser levada em conta pelo pai, que pode concordar em mudar a criança de colégio caso a madrasta sinta que não é bem-vinda.

Os problemas aparecem, sobretudo, nos eventos escolares. É importante que a escola conte com a possível presença da madrasta e do padrasto e, portanto, distribua convites extras aos filhos de pais separados.

Mesmo quando a criança mora com o pai e a nova mulher, o pai deve ter o cuidado de avisar à direção que a madrasta está autorizada a buscar o filho para evitar constrangimentos no futuro.

Há casos em que o detentor da guarda, quase sempre a mãe, quer excluir o ex- da vida escolar do filho e apela para uma história triste para conseguir o apoio da direção escolar. Nessas situações, a escola deveria exigir um documento oficial que esclareça o alegado perigo que a pessoa representa para a criança.

Geralmente, a escola mantém distância de problemas familiares para evitar pais brigando em suas dependências. Contudo, se a criança for prejudicada, será preciso intervir, chamar os pais para uma conversa e orientá-los a procurar ajuda para viverem em harmonia, pelo bem-estar do filho.

Capítulo 4
Convivência pacífica

Você e seu namorado estão apaixonados. Fazem mil planos para o futuro, procuram um apartamento e o reformam, compram os móveis, decidem se casar, morar juntos. Mas na hora H você titubeia porque teme que seu relacionamento com os enteados não dê certo, que seu namorado se decepcione e deixe de ter afeto por você.

Momentos de grandes mudanças causam apreensão e dúvidas, acentuadas nesse caso por não se tratar de união que envolve apenas homem e mulher, mas também filhos, ex-mulher...

As relações devem ser construídas passo a passo. Portanto, se você estiver insegura quanto a se mudar para a casa do seu namorado agora, espere um pouco mais. Faça experiências, passe fins de semana e feriados prolongados com ele e os filhos. Esses testes podem dar a você a segurança de que precisa para tomar uma decisão definitiva.

Embora a madrasta não seja a mãe da criança, espera-se que tenha atitudes de mãe, isto é, que cuide bem do enteado, preste atenção nele, mostre que ele é importante, manifeste interesse pelas coisas que fazem parte do mundinho dele, tudo o que as crianças precisam para desenvolver a auto-estima.

É verdade que a educação compete aos pais, mas a madrasta pode colaborar nesse processo visando ao bem-estar do enteado. Preparar uma sobremesa especial, olhar os cadernos da escola, arrumar o pijama para ele dormir são formas de a madrasta demonstrar que acolheu a criança e que faz por ele tudo o que faria pelo próprio filho. O enteado não foi gerado por você, mas é o filho do homem que você ama. Será que o esforço não vale a pena? Agora ele faz parte da sua vida, portanto você também é responsável pelo futuro dele.

Se a madrasta tiver ao menos o propósito de se empenhar para que tudo dê certo e quiser realmente ter uma boa relação com o enteado, serão maiores as chances de conseguir formar uma família feliz. Por outro lado, se ela ficar ressabiada e não fizer nenhum esforço para agradar, estará semeando o próprio fracasso.

Para melhorar o relacionamento entre madrastas e enteados, este capítulo reúne sugestões de como tornar mais pacífica a convivência de todos os personagens envolvidos nessa trama.

A hora certa de conhecer o enteado

O pai deve agir com responsabilidade e considerar quão estável é a relação antes de apresentar a namorada aos filhos. Não deve apresentar a cada mês uma namorada nova, porque a criança poderá sofrer em decorrência dessa instabilidade. Será difícil se ela se apegar a cada nova companheira e se decepcionar ao ver que a relação chegou ao fim.

CAPÍTULO 4: CONVIVÊNCIA PACÍFICA

A madrasta pode ser apresentada, primeiro, como a amiga do papai. Alguns reprovam essa idéia, mas pode ser uma excelente escolha, sobretudo quando são grandes as probabilidades de a ex-mulher reagir mal à notícia. Apresentada como amiga do papai num almoço de domingo, a madrasta tem oportunidade de ser legal, mostrar que é simpática, divertida, cheia de boas intenções. Quando a mãe souber do novo relacionamento e se vier a falar mal dela, a criança terá condições de contestar e afirmar que não é bem assim, porque já terá tido oportunidade de conhecer a madrasta.

O pai também pode ser direto e contar aos filhos, apresentando a madrasta de maneira positiva e confiante para transmitir a segurança de que viverão felizes essa nova experiência. É importante, ainda, mencionar o fim do casamento, a separação e enfatizar que todos devem ter o direito de refazer a vida com novos companheiros, inclusive a mãe.

No entanto, há ex-mulheres que, mesmo tendo um novo namorado, ainda criticam a convivência da madrasta com os filhos. O que precisa ficar claro é que os pais têm direitos iguais e a mãe deve entender que essa é a nova realidade após a separação e não exigir que a madrasta fique longe das crianças.

A mulher passa a ser madrasta no instante em que é apresentada à criança como namorada do pai; aí começa a relação. Se partirmos do pressuposto de que a simples menção da palavra madrasta pode deixar a criança de cabelo em pé, a mulher deve se esforçar para causar boa impressão desde o início.

81

É muito importante que se estabeleça um vínculo positivo entre a criança e a madrasta. Elas precisam descobrir o que gostam de fazer juntas e o que farão para agradar ao pai. Quando a criança percebe que pode contar com a madrasta, passa a confiar nessa mulher e deixa-a fazer parte de sua vida.

Se a madrasta for ainda mais prestativa e ajudar a criança a ser boa para a mãe, somará mais pontos positivos. Comprar um presente para a criança dar à mãe no aniversário, incentivá-la a fazer desenhos para a mãe ou levar-lhe aquela linda flor que achou no jardim são alguns exemplos.

Devo convidar meus enteados para morar conosco?

- Cada passo deve ser bem pensado para não atropelar etapas.
- Primeiro você organiza um jantar ou passeio para conhecer os enteados e conversar. Se tudo correr bem, esses encontros podem ser mais freqüentes.
- Depois, você prepara a casa, independentemente do fato de morarem lá ou não. Reserva um quarto para recebê-los. Coloca fotos deles na sala, desenhos do menor na porta da geladeira. São sinais de que a casa do pai é deles também.
- Daí, você conversa com o seu marido sobre o seu desejo de trazer as crianças para morar com vocês. O diálogo é fundamental para o sucesso da empreitada.
- Então, considere a opinião das crianças. Já manifestaram vontade de morar com o pai? Pode ser que vivam bem com a mãe e não queiram se mudar. Ainda que morem em casas diferentes, o pai pode participar bastante da vida dos filhos.

Essa convivência também é valiosa para a madrasta porque permite que ela verifique se o pai sabe lidar com situações delicadas relativas à criança e à ex-esposa e descubra se esse estilo de vida é o que espera para o seu futuro.

Mundo paralelo: sim ou não?

Alguns pais adiam a apresentação da madrasta por medo da reação da ex- e por dó da criança, já que a presença da madrasta é um sinal concreto de que não haverá reconciliação. Mas é preciso enfrentar essa etapa. Não há nada de errado em ter uma namorada, e protelar o encontro pode ser muito pior.

Outros pais receiam que a ex-esposa use a criança contra ele ao saber que há uma nova namorada, mas ele pode recorrer à Justiça para se proteger. Apesar de os processos serem lentos, o pai não deve ceder a chantagens.

A espera da apresentação pode ser angustiante para a madrasta, como revela o depoimento de Rosana, que namora há mais de um ano e ainda não conheceu a enteada de oito anos. "Hoje estou em casa sozinha, em pleno sábado à tarde, enquanto ele sai com a filha. Não reclamo de falta de atenção ou de ciúme. Sei que ele e a filha devem ter o espaço só deles, mas às vezes gostaria de participar de algum passeio, não ser sempre excluída."

Eu me sentiria exatamente como ela se o meu marido tivesse demorado tanto para me apresentar às crianças. O pai não precisa sair só com os filhos para ter o tempo deles. Isso pode acontecer mesmo dentro de casa, enquanto a madrasta está tomando banho, por exemplo. É muito importante que a madrasta conheça os filhos do marido e comece a se relacionar com eles, porque, quanto antes formar um vínculo com as crianças, melhor. Rosana – e todas as madrastas – tem o direito de conhecer a enteada com antecedência, até para ter certeza de que quer mesmo se casar com um homem que já tem filhos.

Não gosto nem um pouco do mundo paralelo (ver Dicionário das madrastas), pois os filhos do primeiro casamento são para sempre. Se temporário, um mundo paralelo pode ser oportuno no momento da separação, do divórcio ou enquanto a ex- ainda não aceitar a madrasta.

Assim que os dias de convivência estiverem estipulados, o pai tem de pegar a criança e levá-la para a sua casa, onde pai, filho e madrasta vão conviver. Não cabe à ex- ou ao filho decidir isso. É a nova realidade, doa a quem doer.

O pai espera que a madrasta participe dos cuidados com a criança. Sorte do homem que encontrar essa aptidão na nova companheira, característica que deveria ser pré-requisito para o novo relacionamento, uma vez que evita desgastes para todos. Se de cara o pai conseguisse perceber que a moça não quer assumir a responsabilidade, ela poderia ser recusada para o cargo. Isso pouparia a moça, a criança e ele próprio.

A madrasta precisa participar também, porque várias tarefas cotidianas podem sobrar para ela, daí a importância de opinar nas decisões. Uma vez, durante uma audiência, meu marido pediu pra telefonar pra mim antes de fechar um

CAPÍTULO 4: CONVIVÊNCIA PACÍFICA

acordo. O juiz achou um absurdo, mas pelo tal acordo eu teria de levar e buscar o meu enteado em horários apertados que não consideravam o trânsito de São Paulo, e eu tive de dizer que era inviável.

Modelo positivo

Ao longo de nossa vida, pais, familiares, professores e todas as pessoas com as quais convivemos nos ensinam muitos valores, nem sempre positivos e alguns com conseqüências danosas. A partir da adolescência e, sobretudo, na idade adulta, quando fazemos nossas próprias escolhas, temos de selecionar o que nos é adequado e o que podemos dispensar.

Os pais ensinam aos filhos tudo em que acreditam, mas quem vai escolher como constituir a vida é a criança. Talvez as escolhas não sejam as melhores para uma nova geração, mas não nascemos sabendo como ser um bom pai ou uma boa mãe. É um desafio diário e exige empenho e reflexão constantes. Temos de nos atualizar, adaptar a educação recebida dos nossos pais para os dias de hoje, ouvir escritores, médicos, estudiosos e curiosos, demonstrar interesse pela vida do filho, usar um vocabulário atual, e não o do "tempo do onça", aprender com os erros. A tarefa não é simples, mas vale a pena se o nosso objetivo é educar os filhos para que sejam felizes.

A madrasta também é educadora, um modelo, assim como a mãe, o pai e tantos outros que a criança encontrará pelo caminho. A criança está em fase de formação, vai imitar o comportamento das pessoas que a cercam: então, faça de tudo para ser um modelo positivo. Procure transmitir bons valores aos seus enteados, não só por meio de palavras, mas sobretudo por ações, como cumprimentar os outros, dizer "Bom-dia", "Boa-tarde", "Como vai?" ou pedir licença, não interromper a conversa, demonstrar gratidão, dizer "Obrigada", "Por favor", não caçoar dos outros, não colocar apelidos maldosos nas pessoas.

O mais importante é ensinar a criança a respeitar o próximo, principalmente os idosos. Que tal trazer de volta aquelas gentilezas que andam meio esquecidas: ceder o lugar aos mais velhos, abrir a porta ou abaixar-se para pegar um objeto caído? Enfatize que todos nós cresceremos, um dia chegaremos à velhice e gostaríamos muito de que as pessoas e as crianças nos respeitassem. Uma boa forma de exemplificar isso é mostrando fotos suas ou dos avós quando eram pequenos.

Podemos colaborar para que nossos enteados tenham uma boa formação, passando valores positivos, da mesma forma que faríamos com nossos filhos, mas não temos garantia em nenhum dos dois lados. Em geral tememos que os enteados façam coisas reprováveis porque não os educamos 100% do tempo e não sabemos como serão influenciados pela mãe e pelos familiares.

Mas e se os enteados não fizerem nada de errado e o seu filho for o vilão? Não há filhos que chegam a planejar, e às vezes executar, a morte dos próprios pais? Então, temos de nos preocupar desde cedo para não criar monstros, ter a consciência limpa e acreditar que fizemos o melhor.

CAPÍTULO 4: CONVIVÊNCIA PACÍFICA

Ainda no papel de educadora, assim como os pais, a madrasta precisa tomar cuidado com o que ensina e não dizer coisas sem sentido, preconceituosas, antiquadas e assustadoras, como: "Não ponha a mão no vaso sanitário porque tem um bicho lá dentro". Pode acontecer de no dia seguinte a criança fazer xixi na roupa e você concluir: "Nossa, ela está regredindo!" Está regredindo ou está com medo do bicho que tem lá no vaso sanitário? Fique atenta! Tem bicho mesmo? Não. Então é mentira. Fale a verdade: "Não pode colocar a mão porque é sujo, é onde fazemos cocô e xixi, por isso não pode".

Se você está sem paciência ou tempo para explicar o que é certo e errado e o porquê, deixe para depois. Não é vergonha alguma dizer que não sabe, que vai pesquisar e depois dar a resposta. Trata-se, na verdade, de um bom exemplo: ninguém é obrigado a saber tudo, mas podemos pesquisar para encontrar as informações de que necessitamos.

Pergunta idiota não existe

Por mais estranha que seja a dúvida, a pergunta formulada deve ser respondida pelos adultos. Muna-se de paciência, lembre-se de quantas vezes você precisou engolir suas dúvidas por vergonha ou medo e não permita que isso aconteça dentro de sua casa. Estimule o enteado a emitir sua opinião com respeito, mas explique a ele que pode escutar um "não" se os argumentos não forem convincentes. Também permita que ele se manifeste quando for contrário a alguma decisão e tiver de segui-la a contragosto. Deixe bem claro que, se a criança não pedir, você e o pai não têm como adivinhar. Desse modo estará ajudando a formar um ser pensante.

87

Às vezes, porém, o mau exemplo entra na sua casa sem você perceber. Quando meu filho tinha três anos, já sabia limpar a boca com o guardanapo. De repente, começou a limpá-la na manga da blusa. Logo percebi de onde vinha o modelo: do *Caillou*, personagem do desenho animado de mesmo nome que passa no canal de TV a cabo *Discovery Kids*, que vive em uma sociedade onde essa prática é comum. Comentei com o meu filho que aquele hábito era muito feio e ele ficou orgulhoso de ter algo para ensinar ao personagem. Foi assim que perdeu o hábito.

Pior é quando o modelo ruim está na própria família, um irmão mais velho, por exemplo. Uma madrasta do fórum demonstrou preocupação com a enteada de 11 anos, em relação à filha, de oito. "Eu e meu namorido discordamos 100% quando o assunto é educar. A filha dele dança funk dando agachadinha, tem reflexo no cabelo, passa esmalte escuro, define-se como sexy no Orkut® e por aí vai. Temo que ela seja uma péssima influência para minha filha."

Como não dá para desligar o irmão, como fazemos com a televisão, uma boa conversa é importante. Avise o mais velho para tomar cuidado com o que faz na frente do caçula porque ele é um modelo. Assim o adolescente consciente passará a sentir-se importante e, na maioria das vezes, começará a policiar-se para não ensinar maus hábitos ao irmão menor.

No caso citado, vale a pena falar também com a própria filha e, usando os maus exemplos para orientá-la, comentar que não concorda com a linha de educação que a enteada recebe e que não quer vê-la fazendo as mesmas coisas. Além da enteada, outras meninas servirão de exemplo para sua filha, às vezes os pais nem ficam sabendo. Você pode intervir e conversar a respeito com seu marido, também.

Evite discussões públicas

Uma criança que já passou pela separação dos pais e presenciou brigas pode ficar muito aflita ao acompanhar uma discussão entre o pai e a madrasta, especialmente quando existe um vínculo gostoso entre ela e a nova mulher do pai. Para evitar brigas, não se prenda a detalhes. Toalha molhada em cima da cama e pasta de dente sem tampa ainda a irritam? Pegue a toalha e pendure. Tampe a pasta de dente. Vale mais a pena relevar do que reclamar. Afinal, o que é uma toalha em cima da cama comparada à parceria de alguém que a valoriza e ama profundamente? A menos que a toalha seja a gota d'água e sirva para externar outras inúmeras frustrações.

Quando você e seu marido se desentenderem ou se irritarem, evitem criticar um ao outro, principalmente na frente das crianças. Se quiser fazer um comentário, tenha tato: faça-o sem denegrir a imagem do seu companheiro. Os assuntos mais polêmicos, é claro, devem ser resolvidos longe das crianças. Poupe-as, também, se o clima estiver pesado entre vocês.

Às vezes, no entanto, os ânimos se exaltam, e se o enteado estiver na sua casa é muito provável que ouça a discussão. Nesse caso, converse com ele, explique que houve uma divergência, apareceu um problema, mas em breve tudo será resolvido. Só não vale fazer de conta que a criança não percebeu o clima hostil.

Tenha um pacto de diálogo

Começa com o casal e se estende aos enteados. Diálogo é a palavra da moda! Fale. Não espere que o companheiro adivinhe o que você quer, aonde gostaria de ir, o que gostaria de ganhar ou se lembre de algo que foi comentado há um mês. Nem sempre temos parceiros antenados e ninguém possui bola de cristal.

Respeite a verdade do outro, cada um acredita muito no que diz. Então, tente entender e interpretar para depois colocar o seu ponto de vista. Não é possível concordar com tudo, mas o modo de falar, sem desmerecer o outro, faz toda a diferença.

Converse também com os seus enteados, alerte, ensine. Os meus já sabem, por exemplo, que morro de medo de gravidez precoce. Eles estão bem informados, mas nem assim estamos livres de um incidente desse tipo. Rezar também ajuda, mas esperar que Deus se encarregue de tudo é muito cômodo, conveniente e perigoso!

Se pai, mãe e madrasta dão o primeiro passo conversando sobre diversos assuntos e deixam os filhos livres para expressar suas opiniões, os adultos abrem espaço para que, no futuro, eles venham a trocar idéias sempre que precisarem.

Portanto, não faça pacto de silêncio na sua casa. Faça um pacto de muito diálogo. Use todos os artifícios disponíveis para trazer informações, como internet, revistas,

CAPÍTULO 4: CONVIVÊNCIA PACÍFICA

jornais, televisão e livros. O papel de ensinar não é só de quem detém a guarda. Não adianta dizer: "Ué, a sua mãe não lhe ensinou isso?". Faça a sua parte.

Cultive o respeito

É muito importante que a madrasta se preocupe em respeitar a mãe e a criança, tendo muito cuidado para não invadir o espaço da ex-, portadora de gostos e opiniões próprias. Portanto, é perda de tempo passar tardes inteiras dizendo que as roupas da criança são horríveis, que a escola que a mãe escolheu é a pior da região ou que deveria ter colocado o filho no judô e não no futebol.

A madrasta não pode, por exemplo, levar a criança ao pronto-socorro e dar-lhe um remédio sem consultar a mãe ou o pediatra. Pode ser que a mãe siga outra linha de tratamento ou, pior, que a criança seja alérgica a algum tipo de medicamento. Quando o pai estiver com o filho e quiser melhorar o corte de cabelo, por exemplo, é importante avisar a mãe. Não porque ela mande, mas para que a criança entenda que grandes decisões são tomadas em conjunto por pai e mãe.

Dá trabalho para quem tem a guarda ter de aguardar a opinião do outro para tudo, então não há por que perguntar ao pai se ele prefere cadernos de cachorrinhos ou de lagartinhos: a mãe vai e compra. Mas, por outro lado, não é adequado que o pai e a madrasta resolvam levar a criança para cortar o cabelo que estava na cintura porque não gostam daquele cabelão, quando a mãe adora o visual roqueiro do filho.

Se o pai e a mãe não entrarem em um acordo, quem decide? Certamente não deve ser a madrasta. O mais sensato é esquecer o assunto. O pai pode até argumentar, dizendo que está calor, que será mais fácil na hora de lavar e pentear, mas, se não convencer a ex-mulher, é melhor deixar pra lá. Esperem chegar a hora do *piercing* e da tatuagem... Em comparação, o cabelo é até fácil de resolver: basta fazer um belo rabo de cavalo e pronto!

Fera ferida

Às vezes a madrasta é muito agressiva quando se refere às ações e aos gostos da ex-. É comum alardear que a mãe não faz direito, que ela faz diferente e muito melhor. Analisando esses casos, conclui-se que a madrasta precisa sentir-se superior à ex- porque, no fundo, acha que a ex- é mais importante por ter dado um filho ao homem antes. Então, encara cada falha da ex- como um ponto positivo para si, o que é compreensível. O que não dá para aceitar é que a madrasta desfaça da mãe da criança, muito menos que o pai saia por aí dizendo que a madrasta é melhor do que a mãe, mesmo que ele também esteja descontente. Quando morava com a ex-mulher, ele era o ponto de equilíbrio e agora critica tudo o que ela faz. O mais provável é que as ações da ex- não estejam erradas nem sejam inadequadas, mas apenas diferentes.

Quanto a respeitar a criança, o pai e a madrasta devem garantir a ela o direito à privacidade. Quando os filhos são pequenos, os pais devem respeitar os desenhos que ficam na pasta dentro da primeira gaveta, por exemplo; os adultos não

CAPÍTULO 4: CONVIVÊNCIA PACÍFICA

estão autorizados a mexer ali para não tirar da ordem. A criança cresce e o combinado pode ser bater na porta do quarto antes de entrar. Mas é importante que ela saiba da existência da hierarquia: os adultos é que administram os acordos, ou, em palavras mais claras, os adultos mandam!

Trate as crianças igualmente

Ainda que você se identifique mais com um enteado do que com outro, privilegiá-lo é injusto, principalmente porque transparece para a criança. Seja madura e procure driblar essa situação. Todos têm defeitos, manias e qualidades. Saiba enxergar as virtudes dos filhos e enteados sem privilégios.

Nunca compare uma criança com outra, sob pena de semear competição e discórdia dentro de sua casa. Jamais diga: "O seu irmão não precisa tomar bronca para estudar" ou "Por que você não faz direito como o seu irmão?".

Esses comentários machucam como uma faca muito afiada e destroem a auto-estima da criança, que se sente inferior ao irmão e incapaz de merecer o amor do pai, da mãe ou da madrasta. O filho preterido pode crescer com a sensação de ser incapaz de fazer as coisas, e o medo de errar e decepcionar as pessoas pode impedi-lo de levar as tarefas até o fim. Os pais podem criar três filhos da mesma maneira, mas cada um será de um jeito. Terá sua personalidade, seu caráter, sua individualidade. As diferenças devem ser respeitadas.

Muito cuidado, também, com os rótulos: o mais bonito, o mais esperto, o mais chato e o mais desobediente. Uma amiga me contou que os pais sempre diziam: "Você é tão boazinha". De tanto escutar esse elogio, ela passou a ter muito medo de fazer algo errado e perder a aprovação dos pais. Vivia em constante tensão por causa disso. Conseguiu superar o rótulo de "boazinha" fazendo terapia, mudou seu modo de ser e mostrou aos pais que não era assim tão perfeita. Quer dizer, qualquer rótulo, seja bom ou ruim, não deve ser usado.

> **Meu enteado não pára quieto.**
> **Será que ele é hiperativo?**
>
> Às vezes, a criança, por não ter modos, limites ou querer apenas chamar a atenção dos pais, recebe de todos o diagnóstico, ou melhor, o rótulo de hiperativa. É mais fácil atribuir o comportamento inadequado a um distúrbio qualquer do que ter de repensar a maneira como os pais educam os filhos. Fiquem atentos a isso! Muitas vezes a chamada hiperatividade é curada com amor, carinho, atenção, limites, contato afetivo. Se for realmente uma doença, o problema se manifestará em todas as situações, não só quando for conveniente para a criança. Na dúvida, consulte um especialista.

Demonstre confiança

Sempre que tiver oportunidade, demonstre ter confiança no seu enteado. Delegue uma tarefa de responsabilidade, dê-lhe uma chance, pois é assim que se alimenta a auto-estima.

Se perceber hesitação ou medo, por parte da criança, na execução da tarefa estipulada, pergunte a ela se entendeu bem o que deve ser feito, como deve ser feito e deixe

CAPÍTULO 4: CONVIVÊNCIA PACÍFICA

claro que, se ela tiver dúvida no meio do processo, pode contar com a sua ajuda.

Certa vez, meu enteado pediu para sair de casa sozinho, para passear. Imediatamente, meu marido falou: "Não, nem pensar". Ele rebateu: "Mas os meus amigos podem". O pai continuou: "Não é porque seus amigos podem que você também vai poder". Esse assunto ficou em pauta por muito tempo. Sempre que se sentia incomodado, meu enteado retomava com carga total, demonstrando maturidade ao tentar convencer o pai de que era responsável para andar sozinho na rua.

De manhã, meu marido o levava à escola, que fica a um quarteirão de casa, e na hora da saída a empregada ia buscá-lo. Às vezes ele queria jogar bola após a aula e dava um trabalhão, porque tinha de ligar para pedir autorização ao pai e também avisar a empregada para buscá-lo mais tarde. Isso o irritava.

Então, conseguiu a primeira permissão: voltar sozinho da escola, mas se fosse passar do horário deveria nos avisar. Ele cumpriu direitinho. Sabíamos que era um caminho sem volta: depois ele pediria para ir até a banca de jornal, a padaria, a locadora de vídeo, e foi o que aconteceu. No início, ele queria ir a todos os lugares e tinha passe livre para alguns. Agora, raramente sai. Já percebi que criança é bem assim: elas nos enlouquecem enquanto não podem e, quando podem, nem sempre querem mais.

A etapa seguinte foi querer andar de patinete na rua. Na época, como estava de licença-maternidade, eu saía para passear com o bebê e o meu enteado ia junto de patinete. "Pela calçada", eu dizia, mas a calçada é cheia de obstáculos e ele preferia descer pela rua. E os carros? Observei que ele era cuidadoso e ia pelo canto. Até que, um dia, meu enteado não parou na saída de carros de uma loja. Levamos um susto ao vê-lo branco diante do carro que por pouco não o atropelou. Estávamos eu, meu marido e o bebê e percebemos que ele poderia ter se acidentado bem do nosso lado. Quem sabe sozinho estaria até mais atento. Conversamos a respeito e ele entendeu nossa preocupação; assim, passou a tomar mais cuidado com as saídas de carro. Ele viu que a nossa aflição tinha razão de ser e que não éramos apenas uns chatos.

Começar não é fácil. Nunca sabemos se a criança já é responsável o suficiente para atravessar a rua, não conversar com estranhos e muitos outros medos que povoam a nossa cabeça. Por isso, o diálogo nesse momento é fundamental. Os pais ensinam aos filhos o que eles podem e o que não podem fazer, quais são os perigos, e depois têm de confiar neles.

Faça elogios

Todos nós, adultos, gostamos de ser elogiados por nossos maravilhosos feitos. A criança, então, deve ser alimentada de elogios. Por meio deles você reforça a auto-estima de seu filho ou enteado. Os elogios devem ser sempre sinceros, é claro. A criança não é boba, sabe muito bem quais são suas dificuldades e habilidades.

Entre no quarto do seu enteado, olhe para ele e diga: "Nossa, como o seu cabelo ficou bonito com esse corte" "Que letra linda e caprichada nesta lição!" "Que bela escolha de roupa para esta ocasião!" Ajude a criar crianças seguras de si. Se seu filho ou enteado sujou todo o quarto com tinta somente para fazer uma obra de arte para você, em vez de recriminá-lo pela sujeira e ignorar o presente suado, elogie o desenho e pergunte coisas referentes à obra. Somente depois de agradecer e dar-lhe um abraço, comente com ele: "Nossa, mas deu mesmo muito trabalho, hein? Que tal agora você limpar essa sujeira e depois nós vamos fazer uma moldura para o seu quadro?", ou "Que tal agora limpar essa sujeira enquanto esperamos o quadro secar para mostrar à vovó no domingo?". Ao mesmo tempo em que mostrou a ele que ficou feliz com sua iniciativa e grata pelo presente, você o induziu a arrumar a bagunça.

Não guarde mágoas

Quem se relaciona com crianças muitas vezes passa metade do dia dando broncas, dizendo que não pode isso, não pode aquilo. Acontece mesmo! Estamos ensinando e nem sempre temos um intervalo entre as lições.

Posso bater no meu enteado?

Quem bate perde a razão, porque usa um poder desleal: a força. Também não grite, que é outro sinal de descontrole. Aplique sanções, mas não use a palavra "castigo". Se a criança não respeitar uma regra, sofrerá uma sanção: perderá um passeio, ficará sem brincar, longe da TV ou do computador. Perder um privilégio faz mais efeito do que qualquer outra punição.

É preciso ter critérios na hora de aplicar a sanção, respeitar a idade da criança e cumprir o que foi estabelecido. É difícil para os adultos levar até o fim sanções como um mês sem TV, cinco horas no quarto, dois meses sem sair de casa. A sanção perde o sentido se os adultos não levarem o combinado a sério. A perda tem de ser sentida pela criança.

A conversa após o incidente deve ser educativa. Mostre à criança as conseqüências da atitude tomada. Busque exemplos de familiares, desconhecidos e até de histórias para ilustrar e reforçar o aprendizado.

Procure não guardar mágoas. Dê o seu recado, a bronca bem dada e acabou. Mude de assunto, vire a página, até a próxima. Não passe o resto do dia de cara feia por causa de um estresse na primeira hora da manhã. Esse comportamento pode servir de exemplo para a criança, e, quando ela se aborrecer com alguma coisa, vai passar o resto do dia chutando os brinquedos e beliscando a parede.

Algumas vezes, porém, temos de ignorar, fazer de conta que não vimos uma atitude errada que nos pareceu provocação – e olha que alguns enteados provocam mesmo! Saiba escolher o momento certo para chamar a atenção, orientar e relevar.

Tenha muita paciência

Essa é a virtude mais necessária para a madrasta. Não é só paciência com as crianças, mas também com a mãe das crian-

CAPÍTULO 4: CONVIVÊNCIA PACÍFICA

ças. Cada passo dado, cada frase dita tem de ser pensada e repensada. Pisamos em ovos o tempo todo para não cometer um deslize. Nós nos preocupamos em não sermos tachadas de má e, às vezes, a vilã é a própria mãe da criança. Costuma-se pensar que o problema é sempre a madrasta. Ninguém supõe que a mãe atrapalhe a convivência. Há casos em que a madrasta se dispõe a viver em paz, mas a ex- faz de tudo para infernizar a vida da família, colocando a criança contra a madrasta.

É importante que o homem tenha uma postura correta para que a cada dia a ex- perca a força, caso queira atrapalhar. Enquanto isso, a madrasta deve mostrar sua vontade de acertar. Deve provar que nem tudo o que a mãe fala condiz com a realidade. E o tempo também acaba mostrando a verdade.

Modelito especial

Esse fato aconteceu com uma madrasta do fórum. Ela passava por uma rua quando viu na porta de uma loja a placa "Vendo roupas para Barbie". Como sua filha gosta dessa boneca, ela resolveu conferir os modelos. A vendedora se apressou em mostrar as criações:
"Esta é de Cinderela."
"Esta é de esportista."
"Esta é de bailarina."
"Esta é de bruxa. Ah, deixe ver... Não, eu me enganei. Apesar de ser a mesma coisa, esta aqui é de madrasta. A de bruxa tem vassoura!"

Enteados adolescentes podem exigir uma dose adicional de paciência. A madrasta Denise que o diga. Não está sendo nada fácil o relacionamento com o enteado: "Sou casada há quatro anos com um homem maravilhoso, pai de dois filhos. O menino veio morar conosco. Durante um tempo tudo correu muito bem. Agora, ele está com 13 anos e anda nos desafiando e desobedecendo. Não sei como lidar com isso".

Mesmo com a mãe ausente, o seu enteado pode não aceitar que você assuma atitudes de mãe. Por isso, as regras têm de ser pré-estabelecidas pelo pai. Vocês combinam juntos o que querem e o pai impõe ao filho as atitudes, os limites e a rotina da casa. Ele determina: "Você vai jantar às 19h, tomar banho às 19h30 e dormir às 21h". Se um dia der o horário e o pai não estiver em casa, você pode cobrá-lo: "Hora de dormir!". Será mais fácil para ele obedecer, pois sabe que é assim que o pai quer. E isso vale para tudo. Os desafios serão menores se o pai estiver bem presente no dia-a-dia.

Também é produtivo o pai conversar com o filho e dar importância aos assuntos preferidos pelo rapaz. Você deve ainda demonstrar interesse e reclamar quando ele for grosseiro. Lembre-se de que nessa idade são comuns os altos e baixos. Compre livros sobre adolescentes, leia e passe para ele. Seu esforço para entender seu enteado será notado.

Nunca desista

Muitas vezes escuto pais exaustos dizerem "Lavo minhas mãos" ou "Não adianta falar com esse aí, saiu igualzinho à mãe". Se ouvir o seu marido falar isso sobre seu enteado, anime-o. E não cometa o erro de dizer o mesmo. Minha mãe falou esta frase uma vez, "Lavo as minhas mãos", depois de se cansar por eu não estar atenta enquanto ela me ajudava com as lições de francês. Nunca mais esqueci. Fiquei em pânico pelo abandono que senti naquele momento.

Por mais que os filhos ou enteados esperneiem diante de uma decisão ou de um limite imposto pelos pais, não ceda. Se você está convicta de que está sendo justa, siga em frente. Crianças e adolescentes sentem-se seguros e amados diante de um "não", mesmo que não admitam isso. O pai das crianças tem um papel muito importante nessa hora, para fazer valer o que se combinou, ele tem de ser o seu porto seguro.

Anos depois, minha mãe se redimiu. Eu havia repetido o ano novamente, ia fazer o primeiro colegial, hoje primeiro ano do Ensino Médio, pela terceira vez e pensava em parar de estudar, fazer supletivo ou ir para uma escola mais fácil. Minha mãe resistiu bravamente às minhas explosões e decretou: "Você não vai fazer supletivo, vai fazer os três anos do colegial em três anos". E foi o que eu fiz. Hoje sou grata à minha mãe também por isso. Note que na época eu já não era mais uma criança, tinha 18 anos. A missão dos pais não termina com a maioridade, muitos filhos ainda precisam de ajuda por alguns anos para tomar decisões certas.

Cuide bem de você

Com tantos afazeres e preocupações, talvez você se esqueça de proteger seu bem-estar, cultivar seu *hobby* preferido, ter alguns momentos de paz. Separe um tempo só para você.

Se for preciso, reserve o seu espaço na agenda. Nessa hora, vá ao cabeleireiro, faça massagem, dê uma volta, saia para conversar com uma amiga, confira as novidades nas vitrines, leia um bom livro. Depois dessa parada, você voltará revigorada para os problemas e para as atividades cotidianas.

Outra forma de preservar o equilíbrio pessoal é cultivar a espiritualidade. Muitos de nós só rezamos ou procuramos ajuda espiritual quando estamos em total estado de aflição. Não espere chegar ao fundo do poço. Participar de uma religião, seja ela qual for, ou de um grupo de oração pode ser uma maneira preventiva de cuidar de nós mesmos, de nos fortalecermos para enfrentar os momentos difíceis da vida.

E se não funcionar?

Um grupo de discussão pode ajudar o casal a resolver questões cotidianas e conflitos comuns após a separação. Você pode acessar o Fórum das Madrastas pelo *site* **www.madrasta.hpg.com.br** e seu marido pode encontrar apoio no *site* **www.pailegal.net**, que reúnem grupos de pais interessados em melhorar a convivência com os filhos.

Se ainda assim for difícil fazer os ajustes necessários para estabelecer harmonia no núcleo familiar, procure ajuda especializada. A Terapia Familiar Sistêmica (uma forma de terapia que trabalha todas as relações do paciente identificado) é uma excelente opção para famílias em crise. Seja qual for a questão em pauta, é imprescindível que todos os envolvidos participem do processo.

CAPÍTULO 4: CONVIVÊNCIA PACÍFICA

Normalmente a família chega ao consultório com a queixa de que a criança está impossível em casa e vai mal na escola desde que os pais se separaram. O adolescente briga com todos, não segue o que foi combinado e há suspeita do uso de drogas.

Se as famílias apenas enviarem o paciente doente, o profissional não terá a oportunidade de conversar com todos e perceber, por exemplo, que a ansiedade da criança não é bem por causa da separação dos pais, e sim porque a mãe, ainda magoada, não aceita que o pai leve o filho para passear quando a madrasta está no carro.

Imaginem como é importante ter pai, mãe e criança falando sobre o assunto. Eles podem dividir as angústias, perceber que a separação é um momento frustrante para todos e que cada integrante da família necessita de um período de adaptação.

Na terapia, todos dão sugestões e escutam a opinião do outro. Podem chegar à conclusão, por exemplo, de que não há necessidade de a madrasta ir com o pai até a casa da expara buscar a criança, mas a mãe também tem de entender essa nova realidade e deixar a criança passear com o pai e a madrasta. O pai tem uma namorada que vai conviver com o seu filho, da mesma maneira que um dia ela terá um namorado ao seu lado.

Essas descobertas acontecem em um passe de mágica? De jeito nenhum. Mas vão demorar muito mais se o profissional conversar apenas com a criança. Ela é, na verdade, o sintoma, o reflexo de um lar em desarmonia, o resultado de muitas discussões, agressões e ameaças.

103

No caso de um adolescente usuário de drogas, será preciso envolver mais de um profissional. Um médico psiquiatra acompanha o tratamento, mas o menino e a família têm de ir juntos ao terapeuta familiar. Nesse momento não é apenas o adolescente que está sofrendo, mas também o pai, a mãe e os irmãos. Todos vivem um drama familiar que pode interferir em sua vida e precisam de acolhida tanto quanto o paciente identificado como doente. Se entenderem o sofrimento uns dos outros, será mais fácil conseguir ajuda e a união familiar certamente facilitará o tratamento.

Capítulo 5
Dicas para facilitar o cotidiano

Existem muitas situações difíceis no dia-a-dia da madrasta, e é importante saber resolvê-las dignamente para evitar novos conflitos. Este capítulo trata de fatos que compõem o cotidiano das novas famílias, propondo sugestões práticas para as dificuldades mais comuns.

Desde já gostaria de salientar que o sucesso da empreitada depende do total apoio do marido. A madrasta precisa de muito mais suporte do que a mãe. Afinal, a criança aceita mais facilmente uma ordem vinda do pai.

O espaço da criança

Quando uma mulher inicia um relacionamento com um homem que já tem filhos, desde o início deve prever que um dia as crianças podem vir a morar na sua casa. Nessa hipótese, a grande preocupação da madrasta é perder a liberdade dentro da própria casa. Isso nem sempre acontece, ainda mais se a casa já for dividida com as crianças desde o início do relacionamento, isto é, se elas já passarem dias com vocês nos fins de semana e nas férias. A casa já é delas, também, o que facilita a adaptação na eventualidade de se mudarem para lá. Os enteados já conhecem as regras e rotinas da casa, que nem sempre coincidem com as da casa materna, já têm uma idéia de como tudo funciona ali dentro. Desse modo, é possível evitar muitos contratempos.

Todavia, não deixe para se preocupar com essa possibilidade só quando acontecer. Desde o início do namoro, quando montarem a casa, planejem o espaço da criança: o local onde ela vai dormir, pintar, colocar o videogame, guardar os brinquedos.

Organizando as visitas

Quem não detém a guarda tem o direito de visitar os filhos em periodicidade variável. Na separação consensual, depende do acordo entre os pais; já na separação litigiosa, nossos tribunais costumam estipular um fim de semana a cada 15 dias e, em alguns casos, também um jantar ou um pernoite durante a semana.

Podemos forçar a criança a ir à casa do pai?

Não seria o caso de forçar, mas insistir no assunto. Conversar, perguntar, chamar, telefonar. Explicar o porquê de querer estar com ela nos dias de convivência e sempre que possível. Tentar entender o motivo da resistência, sem concluir de cara que alguém está fazendo a cabeça dela. O pai também pode sugerir um passeio à tarde, um almoço ou uma visita à casa da mãe. Se ficar patente a intenção da mãe de separar os filhos do pai, este pode entrar com um processo requerendo a guarda da criança. Um processo como esse dá trabalho e é cansativo, mas um pai não pode desistir de um filho.

CAPÍTULO 5: DICAS PARA FACILITAR O COTIDIANO

Nem sempre os casais seguem o combinado à risca. É comum a troca de fins de semana. O pai pode sugerir à ex-esposa ou ela pode solicitar a mudança. Mas nenhum dos dois tem o direito da troca só porque pediu primeiro. Precisamos ser maleáveis nesse tipo de relacionamento e manter um acordo de cavalheiros.

Se o pai tiver um compromisso em que não possa incluir o filho e a ex- não puder trocar o fim de semana porque já tem sua programação, ele pode sugerir uma visita durante a semana. A ex- não deve colocar objeções, se o relacionamento entre eles for pacífico. Assim, o pai e a madrasta não perdem o programa e ele não fica muito tempo ser ver o filho.

Às vezes são as próprias crianças que pedem as trocas, principalmente quando vão ficando maiores e começam a receber convites para festinhas. É importante que os filhos tenham essa liberdade. Para compensar a falta do convívio no sábado e no domingo, podem conversar mais por telefone e *e-mail* durante a semana ou o pai pode passar na escola para ver o filho.

A qualquer dia, a qualquer hora

No Fórum das Madrastas, costumamos dizer que a ex- desova o enteado quando manda a criança para a casa do pai quando bem quer. Pode ser ótimo para o pai ter a possibilidade de conviver mais com o filho, mas também pode interferir na vida dele com a madrasta, pois ambos acabam ficando à mercê da vontade da ex-. O ideal é que os dias de convivência sejam estipulados. Se a ex- precisar sair, deve fazer uma consulta prévia sobre a alteração nos planos. O pai não deve ter medo de perder privilégios por não atendê-la, e, se a ex- criar problemas nesse sentido, deverá comunicar o fato ao juiz.

Com a chegada da adolescência, Júlia, minha enteada, passou a ficar mais com as amigas e vir menos para nossa casa. Quando sente saudade, liga pedindo para vir e trazer as amigas, o que eu acho ótimo, porque assim temos a oportunidade de conhecê-las. Nas visitas, ela comenta sobre paqueras e situações do dia-a-dia, mas mesmo assim o tempo passa rápido demais e às vezes tenho a sensação de que não a estamos acompanhando de perto. Por isso, fiz assinatura da revista *Capricho* há dois anos. Assim sei que ela está recebendo informações atuais em uma linguagem adequada para sua idade. É uma dica para os pais de meninas: usar matérias de revistas para puxar conversa com as adolescentes, normalmente mais fechadas e grudadas nos amigos. Acho maravilhoso quando ela e o meu marido estão jogados sobre a minha cama lendo juntos a revista.

Pai e madrasta devem planejar passeios divertidos para os fins de semana em que estiverem com o filho ou o enteado. É importante que a criança se sinta incluída na vida da nova família e que pai e madrasta façam a sua parte.

Pai presente

Mesmo que o filho more com a mãe, o pai pode fazer muitas coisas para participar do seu dia-a-dia. Em vez de criticar a mãe, dizendo "Esse menino está sempre com as unhas enormes", ele pode pegar uma tesoura e cortar as unhas do filho. No lugar de ficar cobrando: "Qual foi a última vez em que você o levou ao dentista?", pode marcar a consulta e acompanhar a criança.

CAPÍTULO 5: DICAS PARA FACILITAR O COTIDIANO

Em vez de reclamar que a roupa suja veio misturada na mala junto com a roupa limpa, pode pegar tudo e pôr para lavar. Muitas ex-mulheres não deixam o pai participar, mas há também as que aceitam com prazer essa colaboração. A divisão de tarefas, além de facilitar a vida da mãe, confere ao pai a oportunidade de acompanhar o crescimento do filho mais de perto. Assim, o pai pode ir até a casa da ex- para arrumar armário, colar tapete ou fazer instalações elétricas. A casa não é só da ex-, mas também das crianças. Dá muita segurança a elas saber que se precisarem o pai estará lá em um minuto.

Quando o pai tem um horário de trabalho rígido e pouca disponibilidade para participar, acaba dividindo essas funções com a madrasta. É importante que o casal tenha a aprovação da mãe para que a madrasta participe, pois a mãe pode não gostar de que a madrasta tome a frente das atividades.

Várias situações permitem a participação do pai e da madrasta: reunião de pais; ida ao pediatra, dentista, ortopedista, entre outros médicos; compra de roupas e sapatos; transporte para festas; ida e volta do inglês, futebol, natação e outros cursos extracurriculares.

Tive a oportunidade de colaborar bastante no dia-a-dia dos meus enteados. Eu os levava ao dentista, ou ortopedista e a atividades extras. O problema era resolvido de forma prática, mas no fundo eu sentia que as crianças preferiam que a mãe ou o pai estivesse com elas. Nós, adultos, priorizamos os dentes saudáveis, a coluna reta e, para isso, tanto faz quem acompanhe a criança; mas ela quer contar com a mãe e o pai.

Quando o enteado vem morar com vocês

Às vezes, a iniciativa parte da criança e os pais estudam a possibilidade; outras vezes o pai pede e a mãe concorda, ou a mãe faz a proposta e o pai aceita; seja como for, a troca de residência deve ser muito bem estudada. É preciso ficar alerta quando o filho quer mudar de casa depois de uma briga com a mãe, pois, se tiver algum desentendimento com o pai, talvez queira voltar.

A madrasta e o pai precisam conversar muito sobre a vinda do enteado. A decisão final não pode ser apenas do pai e da mãe. A madrasta tem de estar preparada para realizar mudanças na rotina de sua casa. Se já houver filhos do segundo casamento ou de união anterior da madrasta, a casa precisará de mais organização. Se não houver crianças, então, as modificações serão ainda maiores.

Cá entre nós, a madrasta não tem muita escolha. Se os pais decidiram e a criança quiser, que direito ela tem de dizer não? A casa também é dela, mas desde antes de se casar ela já sabia que a casa também é dos filhos de seu marido. Pertence a todos, definitivamente.

Uma vez decidido que o enteado se mude, é importante preparar a casa para recebê-lo. Mesmo que já exista um local destinado a ele nas visitas de fim de semana, talvez seja preciso aumentar o espaço no armário para acomodar mais roupas e brinquedos ou arrumar uma mesa para tarefas escolares. Em muitos apartamentos, o cômodo onde as crianças dormem funciona como escritório ou sala de TV, portanto é necessário montar o quarto do enteado. É importante que a criança perceba que está sendo bem acolhida no novo lar.

Por que vale a pena documentar a mudança

Quando o ex-casal decide em comum acordo que a criança vai passar a morar com o pai, é recomendável modificar a guarda judicialmente. Muitas vezes a mãe até concorda com a ida da criança, desde que não haja mudança da guarda. O pai talvez aceite essa condição para que a mãe não mude de idéia.

Ocorre que o acerto verbal pode causar problemas futuros. A mãe pode querer o filho de volta e, caso a criança ou o pai se recusem, iniciar um processo judicial. Enquanto isso, o filho terá de ficar com a mãe, a detentora oficial da guarda.

Portanto, tudo depende da boa vontade da mãe. Embora o novo Código Civil estabeleça que após a separação a guarda da criança deve ser confiada ao progenitor que tiver as melhores condições para criá-la, na prática, a guarda é conferida quase sempre à mãe. Segundo dados de 2005 divulgados pelo IBGE, a mãe é responsável pela guarda em 91,1% das separações e 89,5% dos divórcios.

Nossa sociedade ainda aceita com reservas a possibilidade de um filho morar com o pai separado. Muitas mulheres nem cogitam essa hipótese para não ter de enfrentar o preconceito depois. Mas é fato que hoje o pai participa muito mais da vida dos filhos e um número cada vez maior deseja tê-los morando em sua casa.

Meu marido sempre quis que os filhos morassem com ele, então não fui pega de surpresa quando meu enteado veio para nossa casa. Ele manifestou esse desejo aos oito anos de idade. No início, não acreditamos muito em seu pedido. Foram dois anos de conversa. A mudança aconteceu quando ele estava com dez anos. Júlia, minha enteada, continuou morando na casa da mãe. Ele dizia estar seguro de sua decisão, mas eu tinha lá as minhas dúvidas. Como eu estava errada!

Na época, a nossa casa já era montada para as crianças. Havia quarto, espaço no armário, brinquedos. Mesmo assim tivemos de fazer certas mudanças. A primeira providência foi trocar o quarto do Tiago pelo da irmã, para que ele tivesse um armário grande para acomodar melhor suas roupas e brinquedos. Seu quarto, já equipado, ganhou uma estante nova e mais moderna para o computador, um belo edredom para a cama, uma persiana que combinava com os móveis e um painel para fotos. Lembro que eu estava grávida e meu enteado acompanhou os preparativos para a chegada do bebê e para a mudança dele também. Sentiu-se importante e bem recebido.

Repassamos as regras da casa e os acertos novos; afinal, ele conviveria conosco todos os dias. O horário de dormir mudou, para acordar cedo no dia seguinte e ir à escola. As refeições se tornaram mais nutritivas e em horários determinados.

Até então nós não tínhamos empregada fixa, apenas uma faxineira uma vez por semana. Então, lá fui em busca de quem limpasse, cozinhasse, cuidasse da casa e das roupas. Com a chegada de uma criança, não dá mais para improvisar o almoço, o trabalho multiplica. É um inacreditável entra-e-sai de amiguinhos com tênis sujos! Eu sempre considerei que a casa é para ser usada, mas limpar nunca foi o meu forte.

> **Podemos separar os irmãos?**
>
> Vamos supor que um queira morar com o pai e o outro prefira continuar na casa da mãe. O que fazer? Respeitar as vontades? Insistir para que continuem juntos? Essa dúvida povoou nossos pensamentos muitas vezes. Quando morava com a mãe, meu enteado estudava no período da manhã e minha enteada no período da tarde. Eles se encontravam só à noite, mas mesmo assim podiam se ver todos os dias. O que aconteceria se esse contato acabasse? A separação foi feita e achamos que está tudo bem. Eles se encontram nos fins de semana. Quando minha enteada vem, meu enteado fica conosco, e, quando meu enteado vai para a casa da mãe, minha enteada fica lá. Quando estão juntos, brincam e se cutucam o tempo todo como fazem os irmãos. Quando crescerem, com certeza poderão dizer como foi passar por essa experiência.

Os primeiros dias

A maior insegurança de Tiago quando veio morar conosco era quanto ao primeiro dia de aula na escola nova: "Será que vou fazer amigos? Será que vão gostar de mim?". Procuramos aliviar sua ansiedade dizendo que ele era extrovertido, legal, jogava bola, entre outras habilidades, e que era bem possível que todos quisessem conhecê-lo melhor.

O grande dia chegou e tudo estava pronto. A mochila, o lanche e uma cara de "Ai meu Deus" estampada no rosto dele. Meu marido o acompanhou até a entrada da escola e ficou angustiado ali fora, torcendo para ele se enturmar rapidamente. Quando telefonei na hora do almoço para saber como tinha sido o primeiro dia de aula, meu marido contou, animado: "O Tiago ainda não voltou. Ligou pedindo para ficar um pouco mais na escola, pois iriam jogar futebol na aula vaga". Estava enturmado, fizera amizade, ufa! Quando conversamos à noite, era só euforia.

Paralelamente à adaptação à nova escola, a amizade com as crianças do prédio se fortalecia. Que turminha legal! Muitas meninas e meninos, e o que mais me chamava a atenção era a educação dessas crianças. Acho importante os pais ficarem alerta o tempo todo e saber com quem seus filhos conversam e brincam. O ideal é organizar um lanche em casa e convidar todos. Enquanto isso os pais observam o assunto em evidência, os comentários, o modo de se comportar etc.

A nova rotina

Com a criança morando em casa, a nova mulher assume integralmente o papel de madrasta e o casal tem de se organizar para cumprir as novas tarefas diárias: transporte para a escola, atividades extracurriculares, visitas ao pediatra, ao ortopedista. Deve ficar claro para o enteado que o pai quer que ele obedeça à madrasta e cumpra todas as regras e limites impostos. Após ter carta branca para trabalhar, é importante que a madrasta faça relatórios semanais para avaliar se está dando conta do recado. Não raramente, a madrasta funciona como uma agenda, relacionando o que precisa ser feito, marcando consultas e avisando o marido das atividades programadas.

O pai deve dar espaço para a madrasta ocupar e participar, mas não pode transferir toda a responsabilidade a ela e esque-

CAPÍTULO 5: DICAS PARA FACILITAR O COTIDIANO

cer que ele é o pai. Deve, portanto, participar diretamente de algumas tarefas: por mais que a madrasta verifique se a escova de dentes está nova, se o pijama de verão ainda serve, se o botão da camisa caiu, ela deve delegar ao marido certas funções: ver a lição de casa, levar ao médico (pelo menos na consulta inicial), limpar as orelhas, cortar as unhas etc.

Não custa lembrar: quando a criança passa a morar com o pai, é importante que a mãe fique com ela ao menos em fins de semana alternados e não deixe de participar do seu dia-a-dia. Portanto, a mãe também pode levar o filho ao médico, às aulas de inglês, às festas na casa de amigos.

Mesmo que tenha contato diário com a criança e atitudes de mãe, a madrasta jamais ocupará o lugar da ex-. A criança precisa de pai e de mãe; por isso, se a mãe começar a se ausentar, o pai e a madrasta podem incentivar a criança a ligar para ela e conversar – embora a criança espere que essa iniciativa parta da mãe.

Havendo algum conflito, é mais adequado deixar que o pai resolva. Se ele não viu ou não estava em casa, na maioria das vezes vale a pena esperá-lo, mostrar o problema e deixar que se entenda com o filho.

Quem fica fora de casa o dia inteiro, em geral o pai, deve saber o que aconteceu na sua ausência. Quem passa o dia com a criança fica exausto e precisa de apoio. Logo, a troca entre ambos é produtiva. O ausente deve contribuir, mesmo com uma parcela menor de tarefas. Quanto à criança, deve saber que o pai e a madrasta estão em sintonia e que as regras continuam válidas mesmo quando o pai está fora de casa.

> ### Muda alguma coisa quando a casa é da madrasta?
>
> A madrasta não pode usar esse pretexto para declarar "na minha casa mando eu". Nem alimentar a esperança de que o pai jamais levará um enteado para morar com eles porque a casa, afinal, é dela. Pense na situação inversa. Ela tem um filho que mora com o ex-marido e por alguma razão tem de receber a criança, mas o atual marido já avisou que não quer o menino na casa dele. Que atitude é essa? Pai e mãe são responsáveis pela criança. Na falta de um, o outro deve assumir. Quem tem filho jamais deveria aceitar um novo companheiro que de cara rejeitasse filhos de outra relação.

O distanciamento, a indiferença e a fraqueza do pai podem trazer resultados desastrosos. Ana era madrasta de quatro crianças, uma escadinha de cinco, oito, dez e doze anos. Os quatro vieram morar na casa do pai. Ana assumiu as tarefas domésticas e as atividades das crianças em tempo integral. Elas passavam fins de semana alternados com a mãe, que não gostava da madrasta e vivia criticando seu modo de agir. Na volta, duas das crianças sempre tratavam mal a madrasta. O pai não reprovava esse comportamento, não sabia lidar com a falta de educação dos filhos e não impunha respeito.

Com dó da mãe, os enteados voltaram, um a um, a morar com ela. Segundo Ana, a mãe demonstrava interesse em ter os filhos de volta só para recuperar a pensão, que deixou de

CAPÍTULO 5: DICAS PARA FACILITAR O COTIDIANO

receber quando eles se mudaram para a casa do pai. Esse, por sua vez, foi reduzido a mero provedor financeiro e, não obstante, estava sempre do lado dos filhos e nunca apoiava a madrasta. Não dava a menor atenção aos projetos do casal.

Ao longo de dez anos, Ana tentou, sem sucesso, alertá-lo para as artimanhas da ex-mulher e para a forma como os filhos o manipulavam. A convivência estava cada vez pior. Um dia, Ana tomou coragem – pois um ato desses requer muita coragem! –, fez as malas e se mudou. Arrumou um emprego, deu entrada no pedido de separação e reconstruiu sua vida. Meses depois reencontrou um amigo, também separado, mas sem filhos (ufa!). Os dois se casaram e tiveram uma filha.

Soube, então, que o ex-marido estava arrasado. Havia descoberto que filhos adultos podem ser manipuladores a ponto de acabar com um casamento. Pena que ele demorou tanto tempo para entender. Ele desperdiçou sua chance de ser feliz em uma nova união. Diz o ditado: "Filhos crescem e desaparecem", por isso não podemos deixar, nunca, de investir em quem está ao nosso lado e ali ficará para o resto de nossa vida.

Regras e limites, mesmo a cada quinze dias

Todas as crianças precisam de regras, limites e rotina para ser felizes, sentir-se amadas e seguras. Não só as que moram na casa, mas também as que vêm visitar o pai em fins de semanas alternados.

Quem não recebe uma advertência e mesmo uma sanção não aprende a lidar com a frustração. E aí fica difícil viver, já que nem tudo sai como planejamos. Será mais fácil aceitar as frustrações se aprendermos dentro de casa, com nossos pais. Muitos, no entanto, pecam por querer proteger demais os filhos.

É importante para a criança saber, por exemplo, que o cachorro da família morreu ou que a babá que está há anos na família vai embora. Não minta, dizendo que ela saiu de férias. Em breve, outra babá assumirá o cargo e, quando for sair de férias realmente, a criança pode achar que nunca mais voltará.

Fora isso, o ritual da despedida é muito importante. Uma mãe comentou comigo que nenhuma babá parava na casa dela, porque a criança não aceitava, só falava da primeira que havia ido embora e que ainda esperava por ela. Depois, a mãe contou que, para não magoar a criança, pediu à babá para ir embora sem se despedir. Imagine a tristeza dessa criança ao perder uma pessoa tão especial assim, sem explicação.

Defina uma rotina com horários e tarefas. Crianças são capazes de receber tarefas e realizá-las bem desde que as condições de sua faixa etária sejam respeitadas. Nunca subestime a capacidade de seu filho ou de seu enteado. Você pode se surpreender!

Não se preocupe se as regras na casa do pai forem diferentes daquelas vigentes na casa da mãe. Relembrando, a capacidade de adaptação das crianças é notável. Logo aprendem a respeitar e seguir o que é válido em cada residência.

Conquiste aliados para essa causa

O importante é que o pai e a madrasta se sintonizem. Se a madrasta disser que o enteado não pode comer o chocolate

CAPÍTULO 5: DICAS PARA FACILITAR O COTIDIANO

antes do almoço, o pai deverá reforçar a regra. Assim como todos os demais educadores: avós, tios e babás.

Crianças são espertas, portanto fiquem atentos. Se a madrasta não deixar, sorrateiramente a criança pode procurar o pai. E se este permitir, por qualquer razão, inclusive por estar distraído, lá se foi a autoridade da madrasta. "Mas eu não sabia!", argumenta o pai. Então, prestem atenção; na dúvida, chequem antes de permitir. Desde pequenos os filhos aprendem a fazer esse jogo.

Se a madrasta e o pai falam a mesma língua, um não corre o risco de desautorizar o outro e as tentativas de manipulação, por parte da criança, vão por água abaixo: "Meu Deus, não adianta, vocês dois dizem a mesma coisa!".

Ainda, se não houver consenso entre os pais e, no caso, entre pai e madrasta, a criança ficará sem saber o que pode e o que não pode fazer. Com o chocolate isso provavelmente não trará maiores conseqüências, mas questões mais sérias podem causar prejuízos no futuro.

Ocorre que em algumas situações pai e madrasta (e também pai e mãe) ficam na dúvida entre dizer sim ou não. Pais e filhos aprendem juntos durante a etapa de educar. Dizer sim às vezes é muito cômodo. Evita atritos, o que pode nos fazer escolher esse caminho.

Às vezes, são os avós que desautorizam os pais. Se houver um grande problema, discutam entre vocês, depois falem com os seus pais. A regra geral é: a mãe ou madrasta conversa com a família dela, o pai conversa com a família dele. Desse modo, evitam-se problemas com os sogros.

Expliquem as regras que são aplicadas em sua casa e como está sendo cansativo explicá-las para as crianças. Peçam ajuda, para que eles conversem com os netos sobre a importância de obedecer aos pais.

Na casa dos avós, as crianças até podem ter certos privilégios e regras diferentes, mas desde que esteja claro para a criança que ao retornar para casa deverá seguir o que foi combinado anteriormente. Abra exceções e releve quando achar que tudo bem.

Ensine bons hábitos

Educar é uma tarefa diária e bem exaustiva, pois não tem fim. Tem de ser repetitiva para ser bem assimilada. Por mais que a criança torça o nariz, por mais que vire o olho, pode ter certeza, ela está atenta recebendo o recado. Não desista!

Ainda que seus enteados venham à sua casa só a cada quinze dias, é possível ensinar-lhes bons hábitos. Estabeleça horários para comer, ver TV, dormir. Organize a rotina e depois peça ao pai para conversar com eles, explicar que devemos assumir responsabilidades desde pequenos e também que a madrasta pretende orientá-los por gostar deles.

Ensine seu enteado a se comportar adequadamente à mesa em sua casa, diante de amigos, em festas, na praia, enfim, em cada ocasião. Mostre como usar o guardanapo e os talheres. Ele não vai querer receber um amigo em casa se não souber como se portar, nem poderá freqüentar a casa de um amigo. Ensine-o a arrumar o próprio quarto, a dar valor a seus

CAPÍTULO 5: DICAS PARA FACILITAR O COTIDIANO

pertences, a cuidar do espaço do outro. Não espere que ele adivinhe ou que aprenda com a vida.

Também vale a pena determinar o lugar onde as refeições serão feitas: na cozinha, na copa, na sala de jantar. Um lanche ocasional com amigos pode ser servido no quarto. Abra exceção sempre que perceber que não corre o risco de virar uma regra.

Os cuidados com a higiene também são muito importantes, por isso as crianças devem aprender desde cedo a tomar banho direito, escovar os dentes regularmente, limpar as orelhas, usar o desodorante na hora certa, lavar o rosto e as mãos. A falta desses cuidados pode trazer constrangimentos. A criança tende a ser rotulada pelos colegas, o que pode prejudicar seu entrosamento na escola e em outros grupos sociais. Ensine seus enteados a terem uma aparência bem-cuidada.

Falar uma vez nem sempre resolve, então não tenha receio de repetir. Fale quantas vezes for necessário, com tranqüilidade, sem explodir. Dê carinho e amor: crianças precisam de atenção. Coloque-se sempre no lugar delas para não se irritar. Se elas não têm um bom modelo em casa, como vão aprender do jeito certo?

Os bons exemplos dão resultados positivos e devem começar cedo. Não espere seu enteado chegar à adolescência, quando já construiu seu conhecimento e a madrasta corre o risco de ser vista como uma chata. Quanto antes você iniciar esse trabalho de formiguinha, mais cedo começará a colher os frutos dos ensinamentos que plantou. Antecipe-se aos problemas, sem ficar paranóica, fique apenas atenta e prevenida.

Prepare refeições saudáveis

Ofereça pratos nutritivos e coloridos. Se a criança for acostumada desde pequena a comer legumes, terá mais chances de apreciar tal alimento. Misture à comida, bem picadinho, ou junto ao molho do macarrão. É uma forma de alimentá-los bem. Deixe os enlatados, industrializados, sanduíches e refrigerantes para fins de semana especiais ou festinhas de aniversário.

Escuto pais reclamando que seus filhos só querem tomar refrigerante. Pergunto: quem compra? Se você quiser educar seus filhos, comece por você. Não tenha refrigerante em casa, faça sucos naturais. Não permita que as crianças "estraguem" o apetite comendo bolachas e salgadinhos antes ou próximo às refeições.

Cuidado para não fazer chantagens: "Se você não comer tudo, não vai ter sobremesa". Podemos ensiná-las que somente depois de comerem a comida quente é que comerão a sobremesa, nessa ordem. E, se a criança não quiser comer, fizer birra, tudo bem, tire o prato, mas não terá sobremesa nem quitutes entre as refeições. Isso não é chantagem. Apenas sinal de que existe uma regra alimentar na sua casa. Se tiver fome, a criança se lembrará disso no dia seguinte, e é bem possível que não repita a cena da véspera.

Hora de dormir

Muitos pais encontram dificuldade na hora de colocar o filho para dormir. Há muitas dúvidas e opiniões diver-

CAPÍTULO 5: DICAS PARA FACILITAR O COTIDIANO

gentes sobre esse tema. A diferença é que filhos de pais separados talvez necessitem de uma atenção especial, mas nada muito exagerado.

Vamos nos lembrar de que as regras da casa do pai podem ser diferentes das da casa da mãe; então, se na casa da mãe a criança dorme com ela na cama, na casa do pai pode ser diferente. "Mas a criança está acostumada a dormir abraçada à mãe, não vai sentir falta?" Ela vai aprender que na casa do pai é diferente. Ela tem o quarto e a cama dela e vai dormir lá. O ritual, porém, pode ser mais afetivo para passar segurança. O pai ou a madrasta acompanham a criança até a sua cama, lêem um livro, rezam e ficam ao lado dela até ela dormir. A porta do quarto pode ficar aberta e um ponto de luz deixará uma claridade adequada caso a criança acorde, pois é mesmo confuso ora estar na casa da mãe, ora na casa do pai, ora na dos avós.

Se a criança for até o quarto do pai e da madrasta, um dos dois, de preferência a madrasta, que desperta menos manha na criança, deve retorná-la ao quarto dela e esperar que durma novamente. Pode ser cansativo, mas isso garante a privacidade dos adultos e ensina a criança, desde o início, a respeitar o espaço de cada um. Portanto, vale a pena vencer o sono, a preguiça, o cansaço.

Uma criança pode ser acostumada, desde o início, a dormir em seu quarto, na sua cama, de porta fechada e no escuro. Basta ter um ritual, que pode ser um livro, a oração e tchau, boa noite! O que essa criança precisa é de pais corajosos e que se imponham.

Algumas madrastas até gostariam de agir com firmeza, mas o pai tem dó e, se ela insiste, é tachada de insensível. É correto a madrasta querer preservar o seu quarto e a sua cama. Muitos casais levam os filhos para a cama como desculpa para evitar aproximação sexual. São esses que têm de ficar atentos, porque sua vida conjugal pode estar correndo sério perigo.

Acompanhe os estudos

Quantos pais exigem resultados e obrigações, mas se esquecem de acompanhar o processo ao longo do caminho? Determinam: "Quero ver o seu boletim no fim do bimestre, hein?", mas abandonam os filhos por dois meses. Não perguntam sobre as aulas, as provas, os amigos. Quando chega o boletim, ficam surpresos: "O que você fez todos os dias que não estudou? Só faz isso na vida e ainda não dá conta?".

E esses pais, que têm o papel de zelar por seus filhos, onde estavam nesses dois meses? O que fizeram? Também não deram conta de seu papel de cuidadores, pois não enxergaram o filho todo esse tempo.

Não se pode apenas cobrar obrigações, sem oferecer amparo nos momentos de dificuldade. Também não vale se justificar, dizendo: "Ah, mas a guarda é da mãe, problema dela" ou vice-versa. A criança pode morar com um dos pais, mas a responsabilidade é de ambos.

Alguns filhos têm um ótimo desempenho escolar sem precisar de apoio. Outros, quero crer a maioria, precisam de

CAPÍTULO 5: DICAS PARA FACILITAR O COTIDIANO

suporte. Geralmente essa tarefa compete a pai e mãe, mas a madrasta também pode colaborar se houver necessidade.

O adulto não deve fazer lições pela criança, mas acompanhá-la, ensiná-la a andar sozinha. Isso inclui fiscalizar as lições, verificar seus trabalhos, ir à escola, falar com a coordenação, estudar com a criança, tomar a matéria dela após os estudos ou pedir que ela ensine a você, com as palavras dela, o que aprendeu.

Também é interessante conversar com ela para levantar as dificuldades, ver se está tudo bem com os colegas, se ela está bem entrosada na classe. Não abandone a criança. Não sei se um dia ela reconhecerá todo o seu empenho em acertar, então não espere reconhecimento: apenas sinta um orgulho enorme por ter feito muito bem a sua parte.

A vinda dos amigos da classe para fazer um trabalho na sua casa pode oferecer uma oportunidade excelente de observar a turma. Um dia, o Tiago trouxe um grupo de amigos para fazer um mapa. Ficaram reunidos na sala, trabalharam e conversaram. Estavam atentos e realmente preocupados com a produção. De repente um deles falou: "Chega, vamos terminar o que falta num outro dia?". E outro completou: "Não! Vamos fazer todo o mapa, foi assim que combinamos". Nesse exato momento eu apareci e disse ao Tiago: "Gostei desse amigo! Muito bem!". Eles riram e o amigo responsável ficou todo orgulhoso! Às vezes os pais ficam sem saber se devem ou não policiar os filhos. Na dúvida, policiem!

A madrasta pode responder perguntas sobre sexualidade?

Se ela se sentir à vontade para isso, não há problema, mas é importante contar ao pai em seguida a fim de que ele possa acompanhar o desenrolar do fato e até avisar a mãe. Se a madrasta não estiver à vontade, pode dizer à criança que vai pedir para o papai ou a mamãe conversar com ela e transmitir a dúvida aos pais. Ter em casa livros sobre sexualidade ajuda bastante, pois a madrasta saberá a explicação adequada para a faixa etária, além de facilitar a conversa. Não acho apropriado a madrasta ficar nua na frente do enteado, pois ele não é filho dela e pode desenvolver uma fantasia inadequada. Já na frente da menina, tudo bem, pode favorecer inclusive o diálogo sobre sexo e o corpo feminino.

TV sem exageros

A televisão não pode ser a única opção de lazer da criança nem deve substituir outras atividades. Deixar de brincar na piscina para ver um desenho ou não ir à casa dos avós porque é hora do filme faz com que esse aparelho decida as atividades da família. Quantas pessoas você conhece que param tudo o que estão fazendo na hora da novela?

É importante que o pai e a madrasta não encarem a TV como babá eletrônica e deixem a criança lá, abandonada, enquanto desfrutam de minutos de sossego. Devem escolher com critério a programação. Existem bons canais específicos para o público infantil ou infanto-juvenil que apresentam desenhos e outros programas sem violência e muito divertidos. Se a madrasta assistir com o enteado,

CAPÍTULO 5: DICAS PARA FACILITAR O COTIDIANO

pode ficar de olho no conteúdo e ter um momento de troca agradável, além de oferecer à criança a oportunidade de enriquecimento do vocabulário e do aprendizado de novas experiências. Os vídeos e DVDs também são bem-vindos e as crianças adoram!

O videogame, quando bem usado, pode estimular a coordenação motora e visual das crianças. Mas os jogos devem ser escolhidos a dedo pelo pai e pela madrasta. O mesmo raciocínio se aplica aos joguinhos de computador.

O horário para o uso da TV, do videogame e do computador deve ser escolhido com bom senso e previamente estipulado. Avise a criança com antecedência: "Faltam 15 minutos para desligar". "Agora faltam cinco minutos para desligar", assim ela já está avisada e não é retirada da atividade de uma hora para outra.

> **Meu enteado quer acessar sites impróprios. Devemos permitir?**
>
> Mais uma vez o que deve imperar é o bom senso. Se vocês colocaram um computador no quarto do enteado, o que esperavam? É natural um adolescente explorar o campo da sexualidade. Se não querem que ele acesse esses sites de jeito nenhum, tirem o computador de lá, pois, se ele não tiver permissão, poderá fazê-lo escondido. Há meios de bloquear o acesso a algumas páginas, mas esses meios podem não estar ativos no computador do amigo ou do primo. Em vez de proibi-lo, vale mais a pena ter uma boa conversa, orientá-lo sobre os perigos ocultos nesse acesso aparentemente inofensivo.

Não adianta desligar a TV ou o computador e largar a criança sentada no mesmo local. Os adultos devem redirecioná-la para outra atividade. Eis um exemplo: "Veja que sol maravilhoso lá fora, que tal andar de bicicleta?".

Programe atividades em família

Por mais bobo que seja o programa para os adultos – ir até a sorveteria da esquina tomar um picolé –, esse momento pode ficar marcado para a criança como uma boa lembrança familiar. A infância passa rápido, e depois, quando chegar a adolescência, seus enteados talvez prefiram passear com os amigos.

Guarde alguns tíquetes de parques e ingressos para peças de teatro. As crianças terão muito prazer em rever esse material. Filmar os passeios também pode ser uma boa idéia. Meu marido começou a filmar as crianças quando tinham quatro e um ano, respectivamente. Desde então, temos dezenas de fitas de vídeo que até hoje eles não se cansam de ver. Aposto que, quando elas ficarem adultas, darão mais valor ainda a esse material.

Não sobrecarregue a agenda de fim de semana. Pai e madrasta não têm de ocupar o tempo todo com passeios: parque pela manhã, teatro à tarde, shopping à noite. Por mais que seja gostoso desfrutar esses momentos em família, vocês também podem ficar em casa, ver TV ou fazer nada juntos.

Durante a semana, então, é preciso cuidado para não exagerar nas atividades extracurriculares. Isso pode provocar estresse, que é difícil de ser detectado. A criança deve ter tempo

CAPÍTULO 5: DICAS PARA FACILITAR O COTIDIANO

para fazer nada em casa com os irmãos ou sozinha dentro de seu quarto. Um curso de línguas e um esporte já são suficientes, principalmente se a escola oferece um bom conteúdo dirigido ao futuro profissional.

Na mesma família pode existir tanto uma criança ou um adolescente que dê conta de três esportes quanto aquele que, se tiver muitos compromissos, esquece de fazer lição de casa, não entrega trabalho, deixa a escola de lado. O excesso de atividades também pode causar atropelo para o adulto encarregado de transportar a criança a todos esses cursos: o pai, a mãe ou a própria madrasta.

Quando ambos trabalham fora

Se o pai e a madrasta exercem atividade profissional, as crianças terão de receber cuidados de terceiros. A escola é melhor opção do que ficar em casa sem estímulos e atividades, nem que seja por meio período, mas é a condição financeira do casal que vai determinar o esquema viável.

Se a escolha recair sobre a empregada ou a babá, deixe a casa organizada com regras, horários e responsabilidades e defina as atividades que serão usadas para entreter a criança.

Selecione tarefas que serão da sua responsabilidade e as que ficarão a cargo do pai: buscar na escola, dar banho, fazer refeições juntos, ler um livro. Os vínculos com as crianças são formados nesses momentos de cuidados. Como é que pais sem um vínculo forte com os filhos poderão um dia impor alguma regra ou mesmo aconselhá-los e ser acatados? Uma vez uma amiga exclamou, espantada: "Você dá banho no seu filho? Sozinha? Eu não. Pego o meu já bem limpinho". Para mim, o momento do banho sempre teve um grande valor afetivo: o toque, a massagem, as descobertas, a escolha da roupa. Descubra e aproveite os momentos mágicos entre você e a criança.

Para evitar dores de cabeça

Pequenas ações podem evitar brigas e aborrecimentos. Quer ver?

1. Jamais lançar uma regra nova. Se o pai nunca pediu para a menina lavar a calcinha, a madrasta não deve tomar essa iniciativa, sob pena de provocar a ira da enteada: "Quem é essa chata que vem mandar em mim?"

A madrasta pode, no máximo, mandar recados. Conversar com o pai, dizendo que é importante para a filha aprender a cuidar de suas calcinhas e que ele tem de ensiná-la. Porém, a realidade diária pode ser cruel. O pai não liga, está ausente nas questões relacionadas à criança e sobra mesmo para a madrasta resolver.

Muitas madrastas se queixam do desinteresse dos pais. Vera estava incomodada com o comportamento do seu enteado: "Ele já é um homem feito, mas muito mal educado. Não mora conosco, mas quando nos visita é um caos: comida pelo chão, som da TV nas alturas. Só quer saber de baladas. Fico preocupada, mas meu marido pede para eu não ligar. Acha normal o filho chegar tarde das baladas e nós nem sabermos aonde ele foi. A ex- também não se importa: adora baladas".

CAPÍTULO 5: DICAS PARA FACILITAR O COTIDIANO

Infelizmente, se o pai não liga, a madrasta pode fazer muito pouco. O foco dela é o pai, não os enteados. Se eles agem assim e têm permissão, quem é essa madrasta chata para mudar isso? Então, das duas, uma: ou o pai passa a pensar como você, ou você vai ter de relevar e deixá-los levar a vida que têm, mesmo que considere inadequada.

Nessas horas não vale a pena usar de força e poder. A parte da madrasta é ensinar o que ela acha adequado, mas, se o pai e a mãe não estão nem aí, ela pouco conseguirá fazer, então não vale a pena insistir.

Para evitar discussões enormes, encerre o assunto. Se a menina do exemplo anterior ficar na casa do pai apenas no fim de semana, entregue a ela um saquinho para guardar a lingerie suja e levar para ser lavada na casa da mãe. Se a temporada com o pai for um pouco maior e não faltarem calcinhas, entregue também o saquinho. Se faltar, ela vai ter de se virar. Você já ensinou, já conversou, fez a sua parte. Tem um limite até onde a madrasta pode ir.

2. A mochila da criança veio de novo com roupas velhas e que não combinam. Em lugar de reclamar e falar mal da ex-esposa, monte um guarda-roupa para a criança usar na casa do pai. Explique que ter roupas lá facilita a vida de todos. É difícil prever se estará frio ou calor e a mãe não sabe se o pai fará algum passeio especial. Compre um pijama, algumas meias, calcinhas ou cuecas, maiô para a piscina e três ou quatro trocas de roupas que combinem com um par de tênis ou sapato. Essas roupas ficarão na casa do pai, mas a madrasta também pode comprar uma peça para a criança levar embora. Isso evita discussão na hora da partida, caso ela queira carregar tudo consigo. Conforme o tempo passa, a criança entende e passa a seguir essa rotina tranqüilamente.

3. Apareceu uma situação-problema, uma birra, por exemplo. Não grite e não bata na criança. Experimente mudar de assunto, pois geralmente funciona. Você está lá, descabelada, tentando colocá-la na cadeirinha do carro e ela está esperneando. Mostre-lhe então o lindo dia de sol, ou a chuva que cai lá fora e faz um barulhinho. Fale sobre o passeio que farão no dia seguinte ou sobre o novo desenho que passou na TV. Peça a ela para cantar uma música ou pergunte se a Bruna, colega da escola, também não gosta de passear de carro. Os adultos precisam ser mais espertos!

4. A criança não respeita os móveis da casa. Coloca o pé no sofá, derruba comida por todo lado, ignora a regra que você pediu para seguir. Houve uma madrasta no fórum que escreveu pedindo socorro: enteados, filhos e até o próprio marido estavam destruindo a casa. Na primeira oportunidade, tire um privilégio: "Que pena, perdi a vontade de fazer aquele pudim, pois estou chateada. Você não obedeceu quando pedi para tirar o pé sujo do sofá e mais uma vez comeu no seu quarto". É importante que a criança perceba que uma atitude ruim dela causou dano a ela mesma, ou seja, se ela agir de maneira adequada só terá a ganhar com isso.

CAPÍTULO 5: DICAS PARA FACILITAR O COTIDIANO

5. A criança mora com o pai, mas voltou das férias totalmente modificada. Depois de algumas semanas na casa da mãe ou dos avós (paternos ou maternos), ela se recusa a atender às regras e aos limites da casa, que antes eram bons para ela, e demonstra que está contrariada pela volta ao lar. Muitas madrastas ficam arrasadas quando todos os anos de dedicação acabam em uma temporada fora de casa. As soluções para esse problema são:

- O pai e a madrasta devem seguir a vida e dar um tempo para a criança voltar à realidade.

- Caso cheguem à conclusão de que passar essa temporada sem supervisão causa um mal enorme, devem ficar mais presentes nessas visitas e até cortar esses passeios. Não é bom deixar de ver a mãe, mas o período pode ser menor ou dividido em etapas.

- Se o filho for adolescente, permita que more com quem achar que se entende mais. Pode mesmo ser a melhor opção para ele. Nessa hora pai e madrasta têm de abrir mão do sentimento de posse e entender que ele precisa viver essa experiência. Talvez ele não goste, não se adapte e queira voltar, mas terá tido a oportunidade de conhecer outro lar e até de valorizar mais o antigo. Os pais têm de impor limite, pois o filho não pode ir e vir mil vezes de acordo com a mudança da Lua; mas, se a experiência for malsucedida, que ele seja recebido de volta sem ter que escutar: "Não te falei que lá é um inferno?"

> **E se a criança quiser voltar para a casa da mãe?**
>
> Desde o início, ela deve saber que tem a opção de voltar, se quiser ou se não se adaptar. Mas nessa hipótese algumas regras deverão ser impostas e cumpridas. Deve ser especificado um período para ela ficar na casa do pai, um semestre, por exemplo, porque a mudança de casa pode exigir troca de escola, compra de material e uniforme novos. Um semestre é um tempo razoável para a criança se adaptar e justificar os gastos. Completado o prazo, se quiser voltar, tudo bem. Só não vale ficar indo e vindo conforme o humor da adolescência!

Intimidade preservada

Marília não conseguia passar um fim de semana a sós com o namorado porque todo sábado a enteada vinha ficar com o pai. Só ia a parquinhos, shoppings, nada de jantar fora ou ir ao cinema. "Acho que estou perdendo a minha juventude, deixando de me divertir por causa da filha dele", lamenta.

Visitas todo fim de semana às vezes interferem na vida do casal. Como o pai vê pouco a criança quando não mora com ela, muitas vezes pode achar que tem de ficar grudado nela as 24 horas dos dias de convivência, o que é bobagem. O pai tem todo o direito de recomeçar, namorar, e para isso tem de saber dividir seu tempo. Precisa descobrir que pode ser gostoso ficar um fim de semana longe do filho, sem culpa.

No caso, Marília poderia sugerir ao namorado, com muita calma, sem cobrar ou criticar, que revezasse os fins de semana com a ex-mulher. Explicar a ele que deseja curtir o namoro, passear, lembrando que os casais casados também fazem isso.

CAPÍTULO 5: DICAS PARA FACILITAR O COTIDIANO

Deixam os filhos com babás e avós para ficar algumas horas a sós, pegar um cinema, sair para jantar. Pai e madrasta podem fazer o mesmo, e, se ele achar que é muito tempo longe da filha, pode arrumar um jeito de vê-la durante a semana: buscá-la na escola, levar a menina para almoçar ou jantar.

O casal ganharia com isso, já que poderia namorar. E para a ex-mulher também poderia ser uma boa experiência estar com a filha em dias sem correria de escola, lição, trânsito intenso. As duas poderiam apenas passear. Às vezes, a queixa de falta de privacidade aparece quando o enteado mora com o pai e a madrasta. Nesse caso também poderiam contar com a ajuda de terceiros.

Capítulo 6

Questões financeiras

Tudo o que diz respeito a dinheiro, a começar pela pensão alimentícia, pode ser fonte de muito conflito no relacionamento de um ex-casal. O direito a alimentos, bem como a fixação do valor, podem levar a longas brigas judiciais. A madrasta precisa circular com muito cuidado por esse campo minado para não correr o risco de ser vista como insensível ou mesquinha, ainda que tenha de adiar o sonho de pintar a casa ou fazer uma viagem, já que boa parte do salário do marido vai parar nas mãos da ex-mulher. E essa, mãe das crianças, tem de fazer malabarismos para cobrir as despesas dos filhos com o que recebe de pensão. Haja talento administrativo!

Muito para quem paga, pouco para quem recebe

É fato que após a separação ocorre uma perda financeira e cai o padrão de vida do ex-casal e das crianças. Normalmente o homem sai de casa e a mulher fica com os filhos. Após alguns meses, independentemente de trabalhar fora ou não, a mãe se vê com uma carga financeira maior e nem sempre dá conta de pagar tudo como antes, mesmo recebendo em dia a pensão alimentícia. É o que costuma acontecer com as famílias de classe média: falta dinheiro e a mulher se conscientiza da necessidade de fazer corte de gastos.

Oração da ex-esposa

Torcer para que o ex-marido perca o emprego e falte dinheiro para a segunda família é um erro. Sabe por quê? Porque, sem verbas, como ele vai pagar a pensão? Pensando nisso, uma madrasta do fórum criou uma oração que as ex-esposas deveriam fazer:

"Deus, faça com que o pai do meu filho seja rico, milionário, que tenha dinheiro pra sustentar todos os filhos com todos os luxos merecidos, que nada falte a nenhum deles, nem à mulher que estiver ao lado dele, assim pagará a pensão em dia todos os meses e nunca reclamará de uma verbinha extra quando eu pedir. Amém!"

Logo após a separação dá até para contar com uma ajuda extra por parte do ex-marido. Em breve, porém, ele vai começar a priorizar os próprios gastos: trocar de carro, adquirir uma casa nova etc. Talvez até passe a questionar a necessidade de pagar a pensão nas férias, pois a criança passará quinze dias com ele, e a mãe não vai gastar nada. Como se a prestação da escola, do plano de saúde e as contas da casa também tirassem férias...

O pai pode argumentar que a pensão é só para alimentos. Seria, sim, se as escolas e os hospitais públicos oferecessem um atendimento de qualidade. Além de comer, uma criança

CAPÍTULO 6: QUESTÕES FINANCEIRAS

precisa ter um bom plano de saúde, estudar em uma boa escola, brincar, vestir-se, tomar remédios; ou seja, tudo o que tinha antes de os pais se separarem.

Prioridades diferentes

Criança tem vários gastos que fogem do previsto, e o homem normalmente se exime dessa responsabilidade, pois já paga em dia a "gorda" pensão.

Na verdade, pai e mãe têm prioridades diferentes – imagine então quando surgir a madrasta, uma terceira pessoa opinando?! O pai usa a parte dele do dinheiro para viagens, passeios, um novo sofá, presentes para a namorada. Já a mãe se preocupa com iogurtes, cereais e remédios das crianças. A mulher vê o gasto do ex-marido como supérfluo. E o homem acusa a ex-esposa de não administrar o dinheiro de maneira adequada.

A mãe prefere não colocar a criança numa escola particular e o pai não se conforma. Nesse caso, se ele faz questão de que o filho tenha esse benefício, ou vai à Justiça requerer o direcionamento do valor, *in natura*, ou paga "por fora". E é justo o pai poder opinar sobre a vida do filho – então, em alguns casos, essa pode ser a saída mais eficiente.

Há também casos em que o pai paga a natação, mas a mãe fica semanas sem levar o filho. E tem mãe que não paga as mensalidades escolares e o pai fica sabendo só no fim do ano, quando corre para saldar a dívida a fim de evitar que o filho perca a vaga.

Não raramente, a criança se queixa ao pai dizendo que por causa dele teve de sair da escola, afinal ele se casou novamente e teve mais filhos. Não entendo: se o ex-casal não tem condições de prover nem os filhos do primeiro casamento, por que arrumar outros? Possivelmente porque os novos companheiros têm o direito de realizar o sonho de ser pai ou mãe e podem arcar com a despesa de seus filhos quando possuem fonte de renda. Mas o que dizer no caso de madrastas que não trabalham fora?

Às vezes, podemos observar filhos de mesmo pai, com mães diferentes, vivendo realidades muito distintas. Alguns pais poderiam ajudar mais os filhos do primeiro casamento, mas não fazem isso porque privilegiam a nova família. Nesse caso, os filhos da primeira união têm motivos reais para se sentir prejudicados.

Vamos fazer uma conta rápida. Cada genitor é responsável por 50% dos gastos da criança proporcionalmente aos seus ganhos. O pai, por sua vez, paga 30% do seu salário. Vamos dizer então que o pai pague R$ 400,00 e a mãe, com uma renda semelhante, seja responsável por outros R$ 400,00. O gasto mensal da criança não poderá ultrapassar os R$ 800,00. Dividimos esse valor por dois, se houver dois filhos. E por três, se houver três filhos. E a mãe tem de fazer de tudo para viver dentro desse orçamento apertado. Se ela nunca trabalhou, terá de começar a trabalhar. Foi-se o tempo em que o pai era o único provedor financeiro.

Sob essa perspectiva, certas estão as famílias que decidem ter apenas um filho. Não se pode casar achando que, em caso de separação, dependeremos de pensão ou que a pouca renda será suficiente. O planejamento familiar deve prever essa eventualidade para que não haja injustiça com os filhos. Não se pode ter filhos para realizar um desejo, colocá-los no mundo e abandoná-los. Não se pode ser egoísta a esse ponto.

Longe das intrigas

É fundamental que a madrasta seja independente financeiramente do marido, mesmo que ele seja muito rico, pois, quando a madrasta depende da mesma fonte de renda da ex-mulher, pode haver intrigas. São grandes as probabilidades de que a primeira se sinta lesada: "Alguém mais vai tirar uma fatia da herança que deveria ser só de meus filhos?".

Por sua vez, a madrasta se irrita porque, independentemente de ela ter ou não dinheiro no fim do mês para pagar as contas (classe média) ou para uma viagem internacional (classe média alta), a ex-mulher receberá aquele valor fixo de pensão. A madrasta sente que perde por ter de dar aquele dinheiro, já que a ex- não passa aperto financeiro nem se o ex-marido for demitido, pois ele não pode cortar o pagamento da pensão. No máximo, pode dar entrada em um pedido de revisão solicitando ao juiz redução no valor pago.

Pedido indeferido

Uma amiga contou que, algum tempo atrás, a ex-esposa do seu marido entrou com um pedido de aumento da pensão alimentícia. Na petição alegou, entre outras coisas, que a madrasta (a minha amiga) era possuidora de várias jóias: "Se houvesse mesmo necessidade, ela poderia desfazer-se delas para custear as despesas do casal".

> A juíza não só rejeitou a argumentação, dizendo que os bens da mulher atual não estavam em pauta, como também sugeriu que a ex-arrumasse um emprego.

Uma madrasta de nosso fórum, cujo marido está desempregado, brinca com a possibilidade de se separar, pois assim o seu marido "valeria mais". Atualmente ele não contribui em nada para as despesas da filha que teve com a nova esposa, mas o enteado recebe a pensão direitinho no fim do mês, paga por ela, a madrasta.

É comum encontrarmos madrastas que socorrem o marido nessa hora. Entendem que pagar a pensão equivale a ajudá-lo a saldar uma dívida, mesmo porque ele pode ser preso se não cumprir, voluntariamente, esse compromisso. Além disso, temos de nos lembrar de que a pensão não é só uma obrigação do pai, é uma necessidade da criança. Então, que bom que alguém possa assumir esse pagamento temporariamente.

Socorro mútuo

A madrasta e o marido podem considerar o dinheiro ganho por eles como sendo do casal. Só que, para isso acontecer, ambos têm de concordar com os gastos e organizar muito bem o orçamento. A vida é cheia de altos e baixos. Hoje um ganha mais, amanhã pode ser o outro.

Nada impede que o casal tenha seus planos e sonhos. Os filhos não têm de ser sempre a prioridade. Um ótimo exem-

CAPÍTULO 6: QUESTÕES FINANCEIRAS

plo é o de Lígia, madrasta do fórum. Quando sua enteada estava para completar 15 anos, pediu ao pai uma superfesta e ainda uma viagem. Na época o casal estava programando um *tour* pela Europa. Não dava para o pai bancar tudo. A enteada ficou contrariada, porque precisou escolher entre a viagem e a festa. Dizia: "Vou fazer 15 anos só uma vez na vida". Pode ser. Mas não é justo o pai deixar de viajar, já que a filha tem a vida toda para conquistar as suas vontades por meio do seu trabalho. O pai da menina sentiu-se culpado e só não cancelou a viagem por insistência da madrasta, que conseguiu ser mais racional do que ele. Ao realizar um projeto próprio, o pai não está obrigatoriamente tirando o que a filha mereceria "por direito". Toda família tem de estabelecer as suas prioridades.

Uma madrasta advogada contou, lá no fórum, que existem casos de madrastas e padrastos que têm de assumir a criança financeiramente na falta dos pais. Porém, essa obrigação de prestar ajuda a enteados não tem base legal, já que nossa legislação prevê que, na falta dos pais, os avós sejam convocados, em primeiro lugar, para assumir a responsabilidade sobre os netos.

Creio que a ajuda da madrasta (ou do padrasto) deve ser voluntária. Não há por que assumir o vínculo financeiro se não houver o vínculo afetivo concedido. A madrasta muitas vezes é vista como uma pessoa má; então, no dia em que isso mudar, talvez até seja possível conversar a respeito. Quem sabe aí a madrasta possa ser levada mais a sério...

A ameaça de prisão

Não pagar a pensão para os filhos é motivo de prisão. A Justiça considera que a falta de pagamento pode colocar em risco a sobrevivência do dependente. Portanto, a lei existe para proteger a criança. Evita que pais desapareçam, alegando desemprego.

O fato é que a madrasta e o padrasto podem contribuir com os enteados. Nem precisam esperar as dificuldades financeiras do pai ou da mãe. Podem pagar uma roupa, um passeio, supérfluos, o curso de inglês, as aulas de futebol... Mas por livre escolha de ambas as partes: afinal, madrasta não tem poder para obrigar o enteado a freqüentar o curso de inglês ou não faltar às aulas de futebol. Mas a obrigação financeira é do pai e da mãe.

Ex-esposa por profissão

Quando pai e mãe estão separados, não importa quem tenha a guarda, arcam juntos com as despesas do filho, mostram-se igualmente envolvidos com o bem-estar da criança. Muitas mães, no entanto, ainda acham que essa obrigação é exclusiva do pai. A profissão ex-esposa vem se extinguindo dia a dia, mas ainda existem mulheres acomodadas. Isso não é bom para a criança, nem é bom para a auto-estima da mulher e para o seu futuro. É importante que a mulher invista em uma carreira, seja independente e cresça intelectualmente junto com seu ex- e com seu atual companheiro.

CAPÍTULO 6: QUESTÕES FINANCEIRAS

Há casos em que a mulher abre mão da carreira e se dedica apenas à casa e aos filhos para atender ao pedido do marido. A justificativa usada pelo homem é que a mãe deve ficar em casa para acompanhar de perto a educação da criança. Quando se separam, a primeira coisa que esse mesmo marido, agora ex-, quer é que ela trabalhe. Ela tem de arrumar um emprego imediatamente. Não há mais a necessidade de acompanhar de perto o crescimento da criança?

Então, ouça este alerta: antes de largar uma carreira para ficar em casa, é importante estar preparada para a possibilidade de precisar recolocar-se no mercado. Só que você precisa de tempo para isso, e nada mais justo do que o ex- oferecer apoio financeiro temporariamente. Não dá para ele deixar de ser o provedor único de uma hora para outra.

Se um dia o casal foi casado, foram cúmplices em várias situações e tiveram um filho, deve ser feito um acordo justo. O casamento chegou ao fim, mas o ex-marido nem sempre deseja destruir a vida da ex-esposa. Por isso, se ficou estipulado que o ex- pagaria o plano de saúde, a gasolina e o supermercado, deve cumprir o combinado.

Como o momento da separação normalmente é bem difícil, alguns homens beneficiam a ex- para acabar logo com o processo, mas depois se arrependem. Principalmente quando começam a namorar, casam outra vez, chegam mais filhos e as despesas aumentam. O que pode ser feito é dar um prazo para a ex-mulher estabilizar-se e assumir gradativamente algumas despesas do acordo inicial.

145

O que aborrece muito as madrastas é o fato de a ex-esposa não ter ocupação. É muito difícil pensar nela sentada o dia inteiro sem fazer nada. Mas em muitos casos a ex- só age assim porque tem permissão do ex-marido. Eles combinaram isso. Não sou favorável à dependência financeira, à falta de ocupação, mas muita gente não liga ou não faz por mal. Não dá para mudar a situação de imediato. Se o pai resolve cortar todos os privilégios de uma vez, os filhos também podem ser punidos e ficar magoados. O que o pai pode fazer é orientar a ex-mulher a buscar um trabalho porque fará bem para a auto-estima dela, ainda mais se for uma pessoa saudável e tiver uma profissão. E essa atitude ajudará nas despesas, se um dia ela resolver casar de novo e aumentar a família.

Se não lhe falta dinheiro e se o pai ganha suficientemente bem para sustentar todo mundo, a madrasta deve agir com muita calma e prudência. Deve, gradativamente, conscientizar seu marido para que ele proponha as mudanças necessárias.

Se a criança vai morar com o pai, ele deixa de pagar pensão para a mãe?

Tudo depende do acordo feito por ocasião da separação. Se a pensão é paga apenas para a criança, e se essa passa a morar com o pai, normalmente fica decidido que não é mais necessário dar o dinheiro à mãe. A partir de então, o pai cobrirá as despesas. Mas há outras possibilidades de acordos. A pensão pode ser antes reduzida, depois extinta. Há casos em que a mãe também participa das despesas do filho, ou seja, passa a pagar pensão ao pai. Entretanto, o que acontece na maioria das vezes é o pai ficar tão feliz em receber o filho que não faz questão nenhuma de que a mãe pague pensão a ele.

CAPÍTULO 6: QUESTÕES FINANCEIRAS

Falando sobre dinheiro com as crianças

É dever dos pais (e a madrasta pode ajudar nisso) ensinar que o dinheiro deve ser bem administrado para termos uma vida financeira organizada. Seu valor será determinado pelo uso e exemplo dos pais. Conheci adolescentes muito ricos que tinham ódio dos pais, apesar de todos os seus desejos serem atendidos prontamente por eles. O dinheiro competia com o amor dos pais, que não tinham tempo para demonstrar afeto.

Os pais podem estimular desde cedo o uso do cofrinho e da mesada para mostrar que, se guardarmos e economizarmos, podemos juntar o valor necessário para comprar aquele brinquedo que, no início, parecia inatingível de tão caro. É importante, ainda, transmitir aos filhos o prazer de trabalhar. O trabalho, além de fornecer o dinheiro que paga as vontades da criança, é um prazer, um momento positivo para os pais. Muitas pessoas trabalham por obrigação, pela necessidade do salário, mas podemos deixar a criança escolher, no futuro, se trabalhar será ou não um fardo para ela.

Filhos de pais separados acompanham desde cedo o pagamento da pensão e as discussões entre os pais sobre verba extra, cursos, escola etc. Então, os pais precisam selecionar o que deve ser dito na frente da criança. A falta de dinheiro pode ser motivo de amargura para o pai e a mãe e refletir no filho.

Entretanto, embora seja difícil abordar alguns assuntos, é sempre melhor, quando necessário, explicar o que está acontecendo. Por exemplo, se vai haver corte de gastos porque a pensão é insuficiente ou um dos pais perdeu o empre-

147

go, diga a verdade. Os adultos podem se surpreender, pois a criança é capaz de demonstrar muito companheirismo nesses momentos.

Muitas vezes tal conversa depois da separação tem de partir da mãe, que deve ser positiva ao expor a situação. Pode dizer "que é apenas uma fase difícil, que vai passar" e "que vamos organizar estratégias para enfrentar a crise".

Quando a vida financeira do pai com a madrasta é mais estável e o enteado, ao visitar a casa do pai, constata isso, tende a ficar com pena da mãe. É claro que tudo piora se a mãe estiver magoada e incentivar a criança a achar que "o pai tem tudo" e ela não tem nada.

O filho pode perguntar quanto foi gasto no supermercado e quanto custou a TV nova, mas a mãe não precisa saber. Pode ser que a mãe nem queira aquele tipo de TV, mas a criança achará que a mãe tem menos e que o pai e a madrasta têm mais.

Se, na hora de ir embora, a criança pedir para levar o aparelho de DVD para a mãe, o novo casal deve dizer que não será possível, pois ele foi comprado para aquela casa (em alguns casos, mesmo que a mãe possa comprar, a criança quer levar). E não estranhe, também, se a criança quiser levar uma garrafa de guaraná para a mãe depois da festa na casa dos avós paternos. É uma forma de incluir a mãe em um passeio do qual ela também participaria se não estivesse separada do pai.

Nesse contexto, e com esse conflito, é até meio cruel o pai presentear a madrasta na frente da criança. Ela pode esperar que o pai presenteie a mãe também. O filho precisa aprender a conviver com essa nova realidade, mas é possível poupá-lo em muitas ocasiões.

> **É melhor prevenir**
>
> A madrasta foi ao shopping com o marido e o enteado de 14 anos. O marido resolveu comprar um presente para a mulher. Assim que saíram da loja, o filho teve um ataque de raiva e exigiu que comprassem algo para ele no mesmo valor. O pai deu uma bronca no adolescente e houve estresse para todos. Trata-se de um episódio totalmente desnecessário. A relação entre madrasta e enteado já é tão difícil e delicada, para que estimular o ciúme? Se o pai quer presentear sua companheira, faça isso quando o filho não estiver por perto. Ou então se disponha a comprar para os dois.

Erros da família

Nem sempre os avós e tios colaboram para que as crianças tenham uma visão realista do valor do dinheiro. Isso pode acontecer nas famílias em geral e nas de pais separados em particular, já que, nesse caso, haveria uma tendência maior a mimar as crianças. Afinal, "coitadinhas, já sofreram tanto com a separação".

Manoela, uma portuguesa que participa do Fórum das Madrastas, contou-nos de que forma a família do namorado estraga os enteados. "Os filhos do meu namorado ficam na casa dos pais dele. Não ficam na nossa casa, pois não há espaço, ainda não fizemos as obras do quarto adicional. Mas não me apetece passar o fim de semana a correr para a casa da sogra e a ver mimarem os meninos, a darem tudo quanto há. Da última vez, foram quatro pares de sapatos semelhantes para a rapariga que tem dez anos. A irmã do meu namorado é que faz essas compras todas, e é ela que trata deles quando estão em casa da mãe. Ela é solteira, tem 50 anos. São 'miúdos' que têm tudo e que pensam que tudo cai do céu; porém, nossa vida financeira não está nada fácil". Nesse caso, Manoela poderia alertar o namorado quanto a esses excessos e pedir para que ele conversasse com sua família.

Ex-casal e sócios nos negócios

Algumas pessoas terminam o casamento, mas continuam sócias nos negócios. Já vi casos, inclusive, em que o ex-casal continua a encontrar-se diariamente na empresa de sua propriedade, enquanto o homem começa a namorar uma funcionária da empresa. Os três acabam se encontrando todos os dias. Essa situação não é nada confortável para a madrasta. Ela se angustia por saber que o namorado vê a ex- todos os dias. E, se estiver magoada, pode aproveitar essas oportunidades para criar embaraços ao ex-marido e atacar a outra.

Ainda que o ex-casal tenha um bom relacionamento, não vale a pena manter um negócio juntos. Alguém terá de se afastar, pois podem misturar assuntos profissionais e pessoais e se envolver em novos conflitos.

A sociedade deve continuar apenas pelo tempo necessário para desfazer a parceria comercial da melhor maneira, de

CAPÍTULO 6: QUESTÕES FINANCEIRAS

modo a evitar prejuízos que podem respingar nas crianças. Não importa que dure um ano, desde que tenha prazo para acabar. Não dá para manter outro vínculo além dos filhos.

Conta conjunta com a ex-mulher

Martha acompanhou o marido ao banco. Ele precisava atualizar o cadastro. O rapaz do atendimento perguntou a ela: "E a senhora, dona fulana (nome da ex-), deseja alterar algum dado?". Martha ficou boquiaberta ao descobrir que o marido mantinha uma conta conjunta com a ex-. Durante a fase de separação, enquanto muitos acertos ainda estão sendo feitos, a conta pode ser conservada. Mas, passada essa etapa, não há mais razão para ter uma conta em comum, mesmo que seja para facilitar o pagamento da pensão. A ex-esposa pode abrir uma conta nova. O ideal é diminuir ao máximo o vínculo entre o ex-casal.

Capítulo 7

Situações embaraçosas

Algumas passagens são particularmente desafiadoras porque mobilizam uma grande carga emocional, causam constrangimentos e exigem um belo jogo de cintura. Popularmente chamadas de saias-justas, elas devem ser encaradas com maturidade e, sempre que possível, bom humor. A madrasta ganha pontos nos relacionamentos quando consegue administrar bem essas crises.

A chegada do nosso filho

Muitas inseguranças povoam a mente da madrasta sobre a vinda de um novo bebê. Ela pode achar que essa criança não será tão especial e não receberá muita atenção do pai, porque ele já teve filhos anteriormente. Algumas madrastas, inconformadas por não terem sido as primeiras a dar um filho ao marido, decidem não deixar o pai participar de nada: "Ninguém mandou experimentar tudo antes de mim".

Algumas pessoas valorizam muito o fato de ser primeiro: primeiro filho, primeiro neto, primeiro sobrinho, primeiro bisneto, entre outras "primeirices". Assim foi com a chegada do Tiago, o primeiro filho do meu marido. Mas também foi o primeiro susto, pois os pais eram ainda bem jovens. As coisas se acertaram com o apoio de todos, e Tiago foi a criança mais linda e mais desejada que nasceu em 1990.

Depois de quatro anos, veio a Júlia, primeira menina, a primeira neta, a primeira bisneta, a primeira sobrinha. Foi a menina mais linda e mais desejada que nasceu em 1994. A separação aconteceu em seguida, deixando o *primeiro* com quatro anos e a *primeira* com um ano. Depois de sete anos, chegou o Pedro, o *terceiro* primeiro. Meu primeiro filho, primeiro neto da minha mãe.

Pois é, cada filho vem ao mundo em um momento especial. Todos são importantes. E cada momento é único. O que realmente importa é o desejo do homem de ser pai novamente – por isso ele deve programar o bebê junto com a nova mulher. Na maioria das vezes, o filho do segundo casamento nasce em uma família ainda mais estruturada, mais madura. A madrasta deveria perceber que é privilegiada, pois o pai criará esse filho, estará presente todos os dias e acompanhará o crescimento sem perder nenhum acontecimento. Não o verá apenas em fins de semana alternados, nem será um mero provedor financeiro. A criança não vai viver em um lar com brigas, nem terá os pais separados (ao menos assim desejamos!).

Preparando o enteado para acolher o irmão

É importante o casal conversar com a criança do casamento anterior sobre a possibilidade de encomendar um bebê,

CAPÍTULO 7: SITUAÇÕES EMBARAÇOSAS

antes que ocorra a gravidez. Assim, quando acontecer, não será uma surpresa. A notícia deve ser dada da maneira mais positiva possível, mostrando que a família só tem a ganhar com a chegada do mais novo membro.

Para que a criança consiga entender do que se trata, deixem-na envolver-se na escolha das roupinhas, peça sugestões para a decoração do quarto ou para a compra de um brinquedo, proponha mudanças que provavelmente ocorrerão na casa. Se ela for dividir o quarto com o irmão, compre um edredom novo para ela também. Só não peçam dicas de nome! Minha enteada sugeriu um monte de nomes de boneca. Na mesma hora, informamos que já havíamos pensado em algumas opções.

Havendo possibilidade, leve a criança para acompanhar o exame de ultra-som. No dia em que fizemos o exame que poderia mostrar o sexo do bebê, as crianças foram conosco ao laboratório. Nunca vou esquecer a carinha dos dois esperando pelo resultado! O Tiago queria que fosse menino e a Júlia queria uma menina. "É um menino", disse o médico. "É o Pedro", falamos, os quatro juntos. Foi um momento muito especial para nós, pois meus enteados se sentiram integrados, participantes.

Quando o bebê nascer, peça ao pai para levar seu enteado à maternidade. Em casa, convide-o para ajudar. Na hora do banho, na troca de fralda, ao mudar a roupinha, distraindo o nenê com os brinquedos – sempre com a supervisão de um adulto, claro!

É bem provável que o enteado sinta ciúme do bebê no início, mas será ainda pior se você não lhe permitir opinar em momento algum. Ele é irmão, sim. Isso é um fato. Seu marido também deve querer tal união. Não se adaptar é tentar remar contra a maré.

Procure mudar o mínimo a rotina da casa após o nascimento do bebê. Aproveite para conversar com o enteado e cuidar dele enquanto o bebê estiver dormindo. Acostume-o a dormir cedo para a família continuar jantando junta. Se o pai leva a criança à escola, deve continuar a fazê-lo. Se a madrasta lhe prepara o leite de manhã e o lanche, o hábito deve ser mantido. Se precisar de mudanças, faça-as antes e não diga que é por causa do irmãozinho.

Também não coloquem a culpa no bebê quando não puderem fazer algo para a criança, por exemplo: "Você não pode ir à festa porque não posso levar você, tenho de ficar com seu irmão". O bebê não deve ser visto como alguém que veio atrapalhar a vida da criança. Pensem em soluções alternativas, como uma carona com o pai de um amigo.

Um pré-adolescente e um bebê em casa

Às vezes há uma grande diferença de idade entre os "meus", os "seus" e os "nossos" filhos. Um faz barulho, o outro precisa de silêncio. O maior vai a festas e freqüenta atividades extracurriculares; o menor ainda está descobrindo o próprio corpo e os atrativos da casa. Cada um tem de ter o seu espaço respeitado. O pré-adolescente saberá respeitar o bebê se também for tratado com respeito. Ambos precisam de atenção. Por isso é importante o pai e a madrasta se esforçarem para manter com os filhos maiores a rotina que existia antes da chegada do caçula. Assim, eles não terão a sensação de que sua vida foi toda modificada por causa da chegada desse "intruso".

CAPÍTULO 7: SITUAÇÕES EMBARAÇOSAS

Quando o meu bebê nasceu, o Tiago já morava conosco e começou a ter aulas de futebol com dois amigos do prédio. No início, a mãe dos meninos os levava e ia buscá-los, mas sabíamos que isso seria temporário. O combinado era ela levar e eu buscar. Como optei por não ter babá durante a licença-maternidade, meu filho começou, aos dois meses, a me acompanhar de carro até a escola de futebol para buscarmos o irmão e seus amigos. Exatamente como eu faria se o meu enteado fosse meu filho. Eu não o privaria de ter uma atividade porque o irmão é pequeno e eu não poderia sair de casa.

Lembre-se: o bom senso deve prevalecer em todos os momentos. Lógico que a mãe não pode colocar a vida do bebê em risco para atender o enteado, como também não faria isso se o irmão mais velho fosse filho dela.

O amor tem várias faces

Muitas vezes já afirmei que amo os meus enteados e escutei as pessoas comentarem: "Espere você ter o seu próprio filho. É um amor único, incondicional, o maior de todos". Eu ficava muda. Como opinar sobre uma situação desconhecida? Mas lá no fundo pensava: amor se constrói, e eu construí durante anos amor e respeito por meus enteados. Não vou deixar que a vinda do bebê jogue minha teoria morro abaixo.

Lutei, desde que o teste da farmácia deu positivo, contra a possibilidade de amar e privilegiar mais o meu filho do que os meus enteados. Se os pais podem ter três filhos e amá-los igualmente, eu também poderia amar igualmente meu filho e os dois enteados.

Mas se eu já amava tanto os filhos do meu marido, por que desejava ter meu filho? Porque eu queria ser mãe: ser chamada de mamãe, passar nove meses grávida, ler revistas sobre gravidez e bebê, usar roupas de gestante, tirar fotos barriguda, preparar o enxoval e um quarto maravilhoso, escolher lembrancinhas da maternidade, fazer um chá de bebê com as amigas...

Queria amamentar, acompanhar o crescimento da barriga, sentir o bebê se mexendo, chorar ouvindo o coraçãozinho dele, fazer ultra-som e descobrir o sexo do nenê. Queria viver a hora do parto, ir de madrugada para a maternidade com malas, câmera de vídeo e máquina fotográfica. Ah! Tomar um banho antes de correr para a maternidade, pois todas dizem que dá tempo!

Queria comprar o carrinho de bebê mais lindo, cor de laranja, que existisse no mundo para desfilar pelos quarteirões do meu bairro, no shopping, no parque, nas pracinhas. Queria organizar a primeira festinha de aniversário e levá-lo a muitas outras. Colocá-lo para estudar na escola onde trabalho para tê-lo sempre pertinho de mim. E fiz tudo isso.

Pois bem, o meu filho nasceu. O bebê mais lindo que chegou ao mundo em 2002. Esperto, faminto, rostinho perfeito.

Faço de tudo para que os meus enteados e meu filho tenham um ótimo relacionamento. Quase morri de alegria quando meu enteado falou pela primeira vez: "Cadê o meu irmão?". Ele aceitara o meu bebê como seu irmão. Assim que ele acor-

CAPÍTULO 7: SITUAÇÕES EMBARAÇOSAS

dava, ia ao quarto do Pedro para vê-lo e este abria um sorriso apaixonado. Mais tarde, o Pedro aprendeu com meu enteado o cumprimento dos pré-adolescentes, já usa boné com a aba virada para trás, adora o desenho do Bob Esponja, fala "Beleza, aí!", e brincam juntos com os jogos de computador.

A cada quinze dias meu filho convive com a irmã. Júlia adora até hoje dar banho nele e fazem pinturas juntos. No começo, a irmã ficou um pouco deslocada, pois, como vinha apenas em finais de semana alternados, perdia alguns progressos do irmãozinho. Meu enteado fazia questão de contar o que ela havia perdido. O pai e eu também tivemos o cuidado de integrá-la a todos os acontecimentos, mostrando-lhe que faz parte da nossa família.

Hoje, meu filho está com cinco anos e não se esquece da irmã. Vira e mexe quer telefonar para ela. Um dia, saí para comprar uniforme escolar para ele e para o Tiago. Na hora, ele perguntou: "E para a Julinha?". Às vezes, eu falo: "Todo mundo vai tomar banho: eu, você, o papai e o Tiago". Ele pergunta: "E a Julinha?". Respondo que a Julinha vai tomar banho lá na casa da mãe dela. Quero que ele entenda a nossa constituição familiar desde cedo para ser uma coisa normal na vida dele.

Os pais desejam o melhor para o futuro de seus filhos. Eu desejo o melhor para o meu filho e também para os meus enteados. O que muda é a minha participação na vida de cada um. Participo 100% da vida do meu filho, um pouco menos da vida do meu enteado e menos um pouco da vida da minha enteada. Não sou a responsável pelo Tiago e pela Júlia, pois eles têm pai e mãe para cuidar deles. Eu palpito. E estou sempre por perto.

Acidentes acontecem

É muito desagradável para o pai e para a madrasta quando acontece algum acidente com a criança no período em que está sob responsabilidade deles. Se a ex-mulher desconfiar que os dois não cuidam bem de seu filho ou quiser uma desculpa para dificultar o convívio, o ocorrido pode dar o que falar.

Uma noite, quando a minha enteada tinha três anos e já estava de pijama, pronta para dormir, caiu da minha cama e começou a chorar muito. Eu estava de costas, pegando alguma coisa no armário, e fiquei com ela no colo até se acalmar. Júlia dormiu bem a noite toda e na manhã seguinte fomos a uma consulta ao ortopedista, razão pela qual ela havia dormido em casa.

No consultório, quando eu a levantei por baixo dos braços, para colocá-la sobre a maca, ela deu um berro enorme. Olhei para o ortopedista, que fez uma cara de interrogação. Contei que na noite anterior ela havia caído da cama. Ele suspeitou de clavícula quebrada. Liguei para o meu marido e nos encontramos no hospital.

Júlia havia mesmo quebrado a clavícula e teve de ficar algumas semanas com o braço imobilizado. Foi muito chato devolvê-la machucada para a mãe. Mas ela nos recebeu muito bem, o que fez com que me sentisse melhor. Entendeu que

Capítulo 7: Situações embaraçosas

fatalidades podem acontecer com todos: pai, mãe e madrasta. Ainda bem que foi o nosso único acidente.

Quando a ex- passa dos limites

Algumas ex-mulheres têm atitudes muito inconvenientes. Clara queixou-se de que a ex- do seu namorado liga todos os dias para a casa e para o trabalho dele (ligações a cobrar, sempre!) fazendo os pedidos mais variados: ajudar o filho com a lição de matemática, levá-lo à casa do amigo, comprar um caderno e uma caneta para o filho mais novo. Coisas que ela poderia resolver muito bem sozinha, pois ganha uma boa pensão, tem carro, dinheiro extra para gasolina, mas não pára em casa.

O ideal é que a pessoa que detém a guarda, no caso a mãe, cuide desses detalhes do dia-a-dia, mas isso nem sempre acontece. Se ela não faz as coisas para os filhos, é importante que o pai esteja presente para suprir a ausência da mãe e ajudar as crianças quando necessário.

Vale a pena refletir sobre o comportamento da mãe: por que será que ela requisita tanto o ex-marido? Continua sozinha, insegura, não conseguiu refazer a vida? Não trabalha, não tem namorado? Com o passar do tempo, pode ser que encontre um sentido para a vida e comece a resolver os problemas cotidianos dos filhos. Mas pode ser que ela continue agindo assim indefinidamente.

Para poder viver bem esse relacionamento, talvez a nova namorada ou mulher tenha de mudar de postura. Pode até conversar com o cônjuge e lhe dizer que isso a incomoda – principalmente se achar que está havendo abuso. Quem sabe assim ele começa a responder "não" de vez em quando, inclusive para estimular a ex- a ter mais iniciativa. Mas pode ser que ele aproveite essas oportunidades para participar da vida dos filhos e que se sinta afortunado por isso. Existem algumas ex-mulheres que nem deixam o pai se aproximar da criança fora do dia combinado.

O que mais perturba as madrastas, porém, é a invasão da ex-esposa. Rita contou que mora com os quatro enteados, tem um ótimo relacionamento com eles e recebe apoio do marido. Mas a mãe das crianças é um problema: "Ela não tem o menor interesse em cuidar dos filhos e acha que pode ver as crianças na hora que for conveniente para ela. Às vezes penso em jogar tudo para o alto".

Se você vive uma situação como essa, respire fundo antes de ter uma reação impulsiva. Crianças precisam de uma família organizada e tiveram sorte de encontrar alguém que se dispôs a cuidar delas com carinho e dedicação. Dessa forma, podem ter um lar harmonioso e viver bem.

Às vezes deve ser irritante saber que você se dedica, se desgasta e se sobrecarrega, enquanto a verdadeira mãe não cumpre o papel dela. Mas pense em quanto você está contribuindo para o futuro dos seus enteados. Paralelamente, converse com o seu marido sobre a necessidade de organizar as visitas do melhor modo possível. Mas não dificulte o acesso da mãe. É importante que as crianças tenham contato com ela, ainda que não se disponha a cuidar dos filhos no dia-a-dia.

> **Ser madrasta**
>
> Outro dia um pai (e padrasto!) escreveu sobre a missão da mulher que o acompanha:
> "Ser madrasta exige muitas vezes desapego de si própria. É a luta diária entre amor e ódio, entre encantos e desencantos. É sonhar com a luz do sol em meio à tempestade. É tentar respirar envolvida na poeira. Ser madrasta é também querer o bem de todos. É missão. É tentar juntar pedaços e ser feliz com o ser amado. Bem, sou padrasto e minha esposa é madrasta. Estamos na luta para formar uma família melhor, e, apesar de todas as nossas deficiências, sempre haverá o próximo passo".

Fotos e vídeos da ex-

Ao arrumar armários, a madrasta dá de cara com fotos do primeiro casamento do marido, velhos álbuns com imagens de passeios e festas da ex-família feliz. O primeiro impulso é querer destruir tudo. Rasgar ou queimar, sem dó nem piedade.

Ivani, que tem o maior carinho pelos três filhos do marido, soube explicar o que vem à mente da madrasta nessa hora. "Eu nunca tive ciúme da ex-mulher do meu marido. Sei que o passado existe e não dá para negar. Mas nunca tinha visto uma foto dos dois juntos. Queria muito que essas fotos não existissem."

O fato é que a madrasta não é obrigada a ver essas imagens. Mas precisa resistir ao desejo de jogar tudo fora. Seria falta de respeito. A madrasta não está autorizada a se desfazer de um bem que não lhe pertence. Essas lembranças pertencem à criança. Ela precisa saber que um dia os pais se amaram, viveram felizes e felizes estavam quando ela nasceu.

Se o material a aborrece, basta colocar tudo em uma sacola e guardar na última prateleira do armário para entregar à criança quando ela crescer. Ou dê a ela para levar já para casa. Não fique magoada! Você está construindo o presente e o futuro ao lado do seu marido. Esqueça o passado!

Conhecer a ex-esposa

As madrastas, em geral, morrem de curiosidade. Mas às vezes convém aguardar alguns meses para não invadir o espaço da ex-esposa e das crianças. Assim, a mãe tem um tempo para conferir se os filhos voltam bem do fim de semana, se a madrasta se envolve em assuntos que não lhe dizem respeito, se fala mal dela para as crianças.

Quem sabe um dia ela convide você para uma festa de aniversário da criança ou uma festinha na escola. Ou talvez vocês se cruzem na hora de ir buscar ou levar a criança. Se a ocasião chegar, procure ser o mais discreta possível. Sorria, demonstre simpatia e converse sobre as crianças. Pode acontecer, ainda, de o enteado insistir para você levar seu filho, o novo irmãozinho, para a mãe conhecer. Ou pedir fotos para mostrar aos familiares da mãe.

Se a madrasta nunca teve uma boa relação com a ex-esposa, a última coisa que deseja é apresentar seu filho para ela e seus familiares. E, é claro, a madrasta não precisa fazer isso se não quiser. Pode explicar à criança, de forma compatível com a idade dela, que ainda não está na hora dessa aproximação, mas que um dia acontecerá. Ou talvez essa possa ser a

CAPÍTULO 7: SITUAÇÕES EMBARAÇOSAS

oportunidade de quebrar o gelo, de erguer uma bandeira de paz entre as duas famílias. Quem não se apaixona por um bebê? Quem não faz uma expressão de candura e suspira ao ver aquele serzinho se mexendo?

Elisabeth nunca imaginou que chegaria a isso, depois de tantos processos e brigas com a ex-. Até que um dia cedeu ao pedido do enteado e entrou na portaria do prédio da ex- com a filha no colo. A reação da ex-mulher foi a melhor possível. É verdade que outros fatores colaboraram: ela estava namorando, também havia se tornado madrasta e já não implicava mais com Elisabeth e o marido. Apresentar sua filha selou a paz entre as duas. O enteado estava mais do que feliz ao exibir sua linda irmãzinha, e iniciou-se ali outra etapa de vida, uma nova fase após anos de disputas.

É natural para a criança que tem afeto por seu novo irmãozinho querer mostrá-lo às pessoas que são importantes na sua vida. A madrasta que entende isso, e deseja incentivar um bom relacionamento entre irmãos, pode até criar oportunidades de convivência mesmo se estiver ausente, naquelas situações em que o encontro da madrasta com a ex- ainda não é recomendado.

Tânia permitiu que sua filha fosse à festinha de aniversário de seu enteado com o marido e a sogra. "Assim eu fiquei mais tranqüila porque minha filha é muito tímida. Caso ela desse trabalho, meu marido teria alguém pra ajudá-lo e ao mesmo tempo poderia dar atenção ao filho. Meu enteado ficou superfeliz quando a viu chegar. Os olhinhos dele brilhavam, segundo meu marido. Chamou a madrinha para conhecer a irmã e todos os amigos e parentes estavam curiosos pra vê-la, pois o menino falava muito nela. A mãe do meu enteado e sua irmã foram superatenciosas e o comentário geral da festa foi a semelhança entre os irmãos. Ou seja, o saldo foi positivo. Após tantas brigas, entramos em uma fase mais civilizada e meu enteado pôde ter essa alegria. Vejo uma bandeira branca acenando por enxergar cada vez mais uma pós-esposa, e não uma ex-esposa".

E se acham que sou a mãe?

O equívoco é comum acontecer em lojas, no parque, no cinema ou em qualquer lugar em que a madrasta estiver com seu (sua) enteado(a). Alguém se aproxima e comenta: "Que linda a sua filha". Ou o vendedor diz um milhão de vezes: "Mostra pra mamãe!".

Nessas situações, é melhor a madrasta explicar logo que não é a mãe, antes de a criança dizer, meio contrariada e impaciente: "Ela NÃO é a minha mãe!". Não há necessidade de ficar explicando a história de vocês. Deixe que o outro pense que você é tia, madrinha, prima, amiga dos pais, vizinha ou madrasta. Mas, se você estiver com pressa, deixe por isso mesmo. Sorria e agradeça. Não dá para ficar explicando tudo até para o frentista do posto de gasolina.

Ao telefonar para a escola do enteado ou para a mãe de um amigo da classe dele, convém se apresentar de maneira correta: "Aqui é fulana, madrasta de beltrana". É importante

CAPÍTULO 7: SITUAÇÕES EMBARAÇOSAS

dizer, com naturalidade, que não é a mãe da criança. E cuidado para não ser rude. Pode parecer que você não gostaria, de modo algum, de ser mãe dessa criança. Haja paciência para nos comunicarmos bem, não é mesmo?

Datas festivas

Um dos maiores problemas a serem enfrentados pelos pais após a separação são as datas festivas. Festinhas escolares, aniversário, Natal, Ano-Novo, entre muitas outras. Quando o casal está junto, participa unido da festa do Dia das Mães. O pai acompanha a mulher e o filho, filma, fotografa e assiste à linda apresentação ou exposição de trabalhos da criança. Após a separação, geralmente a mãe vai à festa de Dia das Mães e o pai à festa de Dia dos Pais. Quem vai à Feira de Ciências? Com quem ficam as crianças no Natal e no Ano Novo?

Falem a verdade. Quando somos casados sem filhos, já é uma dificuldade para resolver o impasse sobre onde passar essas datas. A esposa, sempre acostumada a passar a meianoite com os pais, faz questão de manter o ritual. O marido também quer ficar com os pais dele. Muitas vezes decidem fazer um revezamento: véspera de Natal com a família da esposa, almoço de Natal com a família do marido. No ano seguinte trocam. No Ano-Novo viajam. Nascem os filhos e o revezamento continua. A separação só tumultua um pouco mais as coisas.

O revezamento, porém, pode ser resolvido diante do juiz: num ano as crianças passam o Natal com a mãe e o Ano-Novo

167

com o pai. No ano seguinte, o pai fica com os filhos no Natal e a mãe, no Ano-Novo. Que cálculo matemático formidável!

Sentimentos à parte, as soluções são pragmáticas. Tudo tem de ser resolvido na prática. O pai presente que passa o Natal sem a criança sofre, lamenta. Mas planeja uma viagem gostosa para o Ano-Novo, se não tiver de trabalhar, é claro!

Longe das festas

A madrasta nem sempre participa de festas juninas, apresentações de dança e outros eventos da criança porque o marido ou namorado desaconselha. Nem pensar em reunir em um mesmo ambiente ela e a ex-. Ainda mais quando amigas da ex- estarão na festa e os comentários serão inevitáveis. Com o tempo, porém, o namorado pode criar coragem para enfrentar essas situações, ainda mais se a madrasta mostrar interesse em participar. O que o pai tem de perceber é que, muitas vezes, a ex- exclui a madrasta, mas quando começa a namorar leva o namorado. Por que ela pode e o pai, não?

Querem saber a minha opinião? Se o Natal for da mãe, o pai deve comparecer à festa também. Na véspera ou no almoço do dia 25. Alguém pode argumentar que essa teoria é furada, pois normalmente o ex-casal mal se fala. Ficaria um clima horrível para a família.

E se o pai tiver casado novamente, como fica a pobre da madrasta? Pois falo já: agüenta uma situação difícil. Conheço uma madrasta que ficou nesses maus lençóis. Compareceu ao Natal na casa da sogra e lá estava a criança junto com a ex-esposa. A criança e seus pais, porém, tiveram o privilégio de comemorar juntos.

Existem famílias maduras a ponto de todos comemorarem as festas juntos. Mas isso parece mais um conto de fadas com final feliz. A maioria delas ainda precisa caminhar muito para chegar a esse estágio magnífico de amor ao próximo e ao bem-estar dos filhos. E amor é o que normalmente falta depois de um casamento desfeito.

Aniversário

É comum a madrasta ficar em dúvida se deve comparecer à festa de aniversário do enteado, porque teme encontrar a ex- e ficar embaraçada. Ela não precisa ir se não quiser, se achar que não ficará bem. Mas, para as crianças, é sempre bom ver que todos os adultos se relacionam civilizadamente. Fica mais fácil aceitar a separação dos pais se durante as festas ou pequenas reuniões o pai, a madrasta, a mãe e o padrasto trocam algumas idéias, nem que seja sobre amenidades. Não é de bom-tom conversar sobre assuntos desgastantes, polêmicos ou conflituosos nessa hora.

Como você se sentiria se ficasse em casa sozinha na hora da festa? Vá e veja o que acontece. Leve um presente especial e se divirta. Na hora do *Parabéns,* pense apenas na criança. É importante para ela ter o pai e a mãe presentes nesse momento tão especial e, se for possível, os dois juntos atrás do bolo.

Muitas madrastas acham essa cena falsa, pois não existe mais a tal família feliz do retrato. De fato, ali não há mais um casal. Existem apenas os pais daquela criança, e ela gostará de ter essa recordação. Não há mal nenhum em ceder esse prazer ao seu enteado. Ter os pais a seu lado é a maior alegria para a criança, e a sua aprovação nesse momento somará pontos para você! Portanto, sorria!

O pai está com você, é o seu companheiro, e uma foto com a ex- nesse momento só tem valor para os filhos. Entretanto, se a madrasta tiver certeza de que não suportará estar lá, explique o motivo de sua ausência apenas à criança. Não precisa inventar uma mentira enorme. Use o bom senso.

Quando a mãe não convida a madrasta para a festa de aniversário, esta pode ficar arrasada, pois gostaria de participar da comemoração. Ela brinca com a criança nos fins de semana, alimenta-a, cuida de sua higiene, mas nos momentos de prazer é excluída? Não parece muito justo. A mãe da criança, por sua vez, não é obrigada a receber a madrasta em seu ambiente familiar se não se sente bem para isso; portanto, se a madrasta não é bem-vinda, o mais sensato é não comparecer.

Por outro lado, nada a impede de preparar uma festinha em sua casa com os familiares paternos e amigos da vizinhança. É isso: quando as famílias não se entendem, é comum acontecer duas festas, uma promovida pelo pai, outra pela mãe.

Se o pai é bem-vindo à casa da mãe, comparece à festa, fica o tempo que achar adequado e vai embora. Alguns pais, porém, preferem não aparecer se não podem levar a madrasta. É uma demonstração de fidelidade à nova companheira, mas não há mal nenhum se decidirem ir sozinhos.

CAPÍTULO 7: SITUAÇÕES EMBARAÇOSAS

Dia dos Pais

Uma família tradicional, composta de pai, mãe e filhos, participa da homenagem programada pela escola. A criança faz uma pequena apresentação e no final entrega um presente feito por ela. A mãe, munida de filmadora ou máquina fotográfica, registra tudo, emocionada. Essa mesma mãe já comprou um lindo presente para as crianças entregarem ao pai logo cedinho, na cama, antes do café-da-manhã, como vemos nas propagandas de margarina. O pai sente-se realizado, prestigiado, muito amado e guarda para sempre aquela recordação da infância dos filhos.

Nas famílias de pais separados, porém, as coisas nem sempre transcorrem assim. Alguns pais nem conseguem estar com os filhos nessa data. O presente é também uma complicação. Quem vai comprá-lo? A mãe poderia comprar um presente para a criança levar ao pai. Parto do pressuposto de que os pais se respeitam apesar da separação! Bem, para garantir que esse pai não fique sem presente, e a criança não se sinta mal por chegar de mãos vazias, a avó paterna pode comprar o tal presente.

Se o pai tiver uma companheira que assuma a postura de boa madrasta, ela passa a ser a responsável pelo presente. Opa! Pode ser que esse pai ganhe três presentes, se todas as mulheres forem antenadas. Melhor assim, não?

Desde o início do meu relacionamento, eu assumi o Dia dos Pais dos meus enteados. Algumas semanas antes da data eu já começo a perguntar o que eles gostariam de comprar para o papai. E a festinha da escola? Meu marido foi a todas. E eu também.

Quando Júlia tinha nove anos e meu filho um ano e meio, sabem o que aconteceu? A primeira festinha do Dia dos Pais na escola dele coincidiu com a data e o horário da festinha da Júlia, em outra escola. Como são filhos de casamentos diferentes e de apenas um pai, esse pai teve de fazer uma escolha. Fácil? Claro que não.

Como o meu filho era pequeno e não perceberia que, realizada uma festa em sua escola, todos os pais estariam lá menos o dele, meu marido optou por ir à festa da Júlia. Aproveitou para explicar a ela que aquela era sua nona participação e que, a partir do ano seguinte, se a data coincidisse novamente, começaria a participar das festas do caçula Pedro. Além de meu filho, crescendo, começar a entender, meu marido queria dar a ele a mesma presença e participação que ofereceu às festas dos dois outros filhos.

Eu vou torcer para que, no futuro, ao menos o horário da festa não coincida, pois será muito difícil saber que meu marido não irá à festa de sua filha Júlia. Nessas horas, a madrasta realmente tem de ter bom senso, maturidade e não olhar apenas para o seu umbigo.

Dia das Mães

"O Dia das Mães está chegando. Vamos escolher um presente para você levar para a mamãe?" Essa pergunta clássica pode

CAPÍTULO 7: SITUAÇÕES EMBARAÇOSAS

não existir nas famílias de pais separados, mas estamos supondo que o pai é maduro nesse momento ou outra pessoa da família (tia, avó etc.) se encarrega de incentivar a homenagem à mãe. Pode ser que a criança nem pense na madrasta; então, se o adulto quiser estimular a criança a presentear a madrasta, deve partir dele a conversa: "Bom, você quer comprar uma lembrancinha para sua madrasta também?". Ou dizer ainda: "No aniversário da sua madrasta, vamos caprichar no presente, já que ela ainda não é mãe mas cuida de você!".

Se o pai for o autor da frase acima, é importante que ele saiba que essa é mesmo a opinião da madrasta. Muitas esperam um reconhecimento por parte da criança ou do companheiro, quando chega o Dia das Mães. O homem até pode dar um presente simbólico, caso perceba que isso é importante para a mulher; entretanto, ela não pode esperar o mesmo da criança, pois o filho tende a ser fiel à mãe e pode sentir que a estará traindo se entregar um presente à madrasta.

Por outro lado, já vi casos de crianças que ficam divididas por não terem um presente para a madrasta. Para ser mais exata, tudo o que têm é a lembrança feita na escola para a mamãe; escolher entre a mãe e a madrasta para dar esse presente é cruel. Cabe ao adulto aliviar as dúvidas da criança: o presente feito na escola deve ser entregue à mãe. Mas o pai pode comprar um presente para a criança entregar à madrasta ou incentivar a confecção de um desenho.

É também importante que a madrasta expresse seu desejo: "Eu quero muito um presente de Dia das Mães para sentir que a minha dedicação é reconhecida". Dizer o que pensa facilita tudo. As mulheres sofreriam bem menos se falassem com franqueza.

Presenteamos as mães porque houve uma convenção social para essa data e deu certo. Inventaram também o Dia das Avós, mas não pegou comercialmente, nem na maioria das famílias. Agora estamos lutando pela oficialização do Dia da Madrasta. Esperamos que essa nova data ajude a separar o papel de mãe do de madrasta.

Surpreendente!!!

Antes de definir o Dia da Madrasta no Brasil, que segue os trâmites legais para ser oficializado pela Câmara dos Deputados, fizemos uma pesquisa para saber quando se festeja essa data em outros países. Para nossa surpresa, descobrimos que apenas um país comemora o Dia da Madrasta: o Japão, no dia 27 de outubro.

Qual é o Dia da Madrasta?

O primeiro domingo do mês de setembro. A data foi escolhida pelas participantes do Fórum das Madrastas pelos seguintes motivos:
- Nesse mês não há nenhuma comemoração como Dia das Mães, Dia dos Pais, Dia das Crianças.
- Em setembro começa a primavera, portanto é um mês alegre e florido.
- O primeiro domingo de setembro fica próximo ao dia 7 de setembro. Em 2008, as datas até vão coincidir. Como é feriado, quem sabe dá até para o pai e a madrasta ficarem mais tempo com a criança?
- Não escolhemos um dia fixo, pois se cair durante a semana será difícil a madrasta estar com a criança, que normalmente mora com a mãe.
- E, se o fim de semana não for do pai, contamos com a boa vontade da ex-esposa, que concordará com a troca.

Mudança de residência

Após a separação, a mãe recebe uma ótima proposta de trabalho ou uma bolsa de estudos para fazer a tão sonhada pós-graduação. Só que é no exterior. Antes de ir embora com o filho, tem de pedir a autorização do pai. Mas como alguém autoriza que levem seu filho para tão longe? Como ele vai participar das festas e do dia-a-dia da criança? E o filho, como ficará?

Em alguns casos, o pai não aceita e não autoriza a mudança. Mas a mãe entra com um pedido na Justiça e o juiz dá ganho de causa à mãe. Então o que adiantou esse pai lutar para não se afastar do filho?

Existem casos e casos, mas o pai ou a mãe que detém a guarda não deveria mudar para longe e privar a criança da companhia do outro genitor. A partir do momento em que uma pessoa tem um filho, precisa assumir essa responsabilidade e abrir mão de certas vantagens, pois a vida não pertence mais exclusivamente a ela. Com um filho, a vida deixa de ser só nossa. Já não podemos acordar no horário que queremos, viajar quando queremos. Temos de ter uma rotina organizada para receber o bebê.

A mãe, no caso, poderia recusar o convite, dizendo: "Não poderei trabalhar no exterior, pois, como me separei do pai do meu filho, eles ficariam muito distantes, o que seria prejudicial à criança". Não parece um raciocínio simples? Seria muito bom que homens e mulheres pensassem em si apenas enquanto não têm filhos.

Outra saída seria a mãe deixar a criança com o pai, se precisar mesmo trabalhar ou estudar fora do país. Ela precisou mudar, então é ela quem se afasta. Convém também lembrar a pesquisa americana, já citada aqui[1]: a mudança de cidade e o conseqüente afastamento da criança de sua rede de amigos e familiares podem prejudicar os filhos de pais separados.

E quando a mãe não vai para outro país, mas se muda para outra cidade a 500, 1.000, 2.000 km de distância? A viagem muitas vezes é cara, e o fim de semana, curto para as idas e vindas. Pois é: a criança não está em outro país, mas é praticamente como se estivesse. Apesar de ter ocorrido recente alteração na lei, obrigando o detentor da guarda a comunicar previamente a mudança de domicílio, na prática, muitos pais ficam sabendo depois que já aconteceu.

Qual seria a solução? Talvez estipular um limite máximo de distância entre as cidades para que as viagens fossem viáveis. Mesmo a mudança de cidade teria de prever uma agenda de visitas totalmente organizada. O genitor ausente cumpriria as visitas e participaria do dia-a-dia de seu filho com empenho.

Foi assim no caso dos meus pais. Minha mãe mudou-se para São Paulo, mas meu pai viajava 230 km para me ver, todos os finais de semana enquanto eu era pequena e a cada quinze dias depois que cresci. Nunca faltou a um só encontro nem deu desculpas para não comparecer, mesmo sendo tão cansativo. Que sorte eu tive!

---

1. Pesquisa feita pelo cientista Dave Riley, da Universidade de Madison.

CAPÍTULO 7: SITUAÇÕES EMBARAÇOSAS

Em casos assim, o casal tem de entrar em acordo para ver quem vai se deslocar. Revezamentos podem ser uma opção justa: vejo pais que trabalham demais e mal têm tempo para ver o filho na mesma cidade; o que dizer, então, de quando o filho mora longe? Provavelmente aquele pai que foi privado do convívio acaba se casando novamente, tendo outros filhos e pode se afastar da criança do primeiro casamento. Pensemos: como fica essa criança longe de um pai ou de uma mãe durante o seu crescimento?

Mesmo que os pais se casem novamente, e a madrasta e o padrasto tenham atitudes de verdadeiros pais, essa criança tem um pai, ou uma mãe, que está vivo, embora esteja ausente. Considero triste esse afastamento. Ele deve ser evitado ao máximo, pois a criança vai sentir muito essa perda.

Morte e luto na família

Fatalidades acontecem na vida de todas as pessoas: falecimento de um ser querido, separação dos pais, acidentes, doenças. Infelizmente, as crianças não estão imunes a esses acontecimentos. É muito importante que elas tenham a oportunidade de expressar sua tristeza e que, passado o momento de luto, sejam fortes para prosseguir. As crianças devem saber que os pais também choram, sentem dor, mas que tudo isso é superável e suportável. Não é para sempre. A vida prossegue e devemos nos reerguer. Ela vai superar mais rapidamente o sofrimento se tiver o apoio dos adultos, que não vão compensar a dor com atitudes erradas. Mantenha regras, limites e rotina. Assim a criança poderá voltar à vida normal o mais depressa possível.

Dependendo da idade da criança, é possível explicar, com palavras simples, o que aconteceu. Não invente teorias mirabolantes sobre a morte, nem use eufemismos: "O vovô dormiu" ou "A vovó foi fazer uma longa viagem". Diga a verdade, sem entrar em detalhes. Apesar de velórios e funerais não serem lugares para crianças, talvez elas queiram despedir-se. Analise se é o caso de deixá-las participar desse ritual. Se os pais estiverem inseguros, devem procurar a orientação de um psicoterapeuta.

Em apenas uma morte, ocorrem várias perdas. Um perde a mãe, outro a esposa, outro a irmã, outro a filha e assim por diante. O sofrimento pode desestabilizar todo o sistema familiar, deixando seus membros mais vulneráveis a doenças físicas, transtornos emocionais e disfunções sociais, além de fracasso escolar ou profissional. Daí talvez não seja fácil incluir novos papéis e personagens na cena familiar. Isso explica por que madrasta e padrasto, às vezes, encontram muita resistência pela frente.

Há também famílias que desenvolvem a resiliência familiar: é quando seus integrantes se unem para superar a crise. Essa experiência fortalece o grupo e cada um dos indivíduos adquire bagagem para enfrentar melhor os problemas futuros.

CAPÍTULO 7: SITUAÇÕES EMBARAÇOSAS

Formas de lidar com a perda

A dor da perda não pode ser quantificada, e cada pessoa tem uma reação diferente.

Negação: muito empregada, consiste na tentativa de bloquear a realidade indesejável.

Projeção: também muito usada, busca responsáveis pela morte e justificativas para a perda. Pode trazer uma sensação ilusória de diminuição da dor.

Idealização: o falecido é tratado como se fosse uma pessoa perfeita, o que impede a vivência de sentimentos como raiva, tristeza, compaixão, culpa.

Resiliência: é a capacidade de resistir a situações difíceis e inesperadas, dar a volta por cima e crescer com a experiência. Ajuda muito a superar a dor.

"Esta é a sua madrasta"

Antigamente, quando os casamentos não terminavam e o divórcio nem existia, a madrasta entrava em cena quase sempre após um fato trágico: o falecimento da mãe. Como lidar hoje com a perda da mãe e a chegada da mulher que ficaria nesse lugar? Antes de qualquer coisa, a madrasta deve deixar claro que não vai ocupar o lugar da mãe. Está ali para participar do dia-a-dia da criança e ajudar o pai. A mãe continuará presente nas fotos, nas histórias que os familiares maternos contam e nas narrativas do pai, ao relembrar para a criança os momentos felizes.

Há madrastas que não se sentem assombradas pelo fantasma da mãe falecida. Mas há outras que afirmam que "é como se ela não tivesse morrido".

O jeito é saber levar. Explicar à criança que vai respeitar suas lembranças e que sente muito por sua perda. Fazer perguntas sobre a mãe, deixar a criança contar histórias sobre ela, manter algumas lembranças como móveis e objetos, além das fotos que já estão pela casa, é muito bom. Se for tirá-las, faça isso sem pressa e coloque-as uma a uma no quarto da criança, em um novo painel de fotos, só dela. E vença a tentação de jogar fora todos os utensílios da cozinha. Aquele tapete de gosto duvidoso pode continuar na sala por mais tempo.

A mãe pode ter falecido há um mês, um ano, dez anos, mas você acabou de chegar àquela casa. Então, é como se a mãe tivesse acabado de morrer mais uma vez, pois as recordações vêm à tona. Pergunte à criança qual era a comida mais gostosa que a mamãe fazia. Copie a receita e faça. Espere ela dizer que a da mamãe era bem melhor e aceite isso como verdade! Prepare então uma sobremesa que a mamãe nunca fez e esta, sim, levará a sua marca.

Pode ser que os familiares maternos não recebam bem a madrasta. Se estiverem arredios, sorria, e mais uma vez pense que eles precisam de tempo para aceitar dividir a atenção da criança e que vão, certamente, lidar com as lembranças tristes, que sem dúvida virão.

Mostre que você se interessa em saber sobre a mãe: como ela era boa, excelente pessoa e muito bonita. Aliás, é normal falarmos dos falecidos como se não tivessem defeitos. Os familiares se lembram das coisas boas e da tristeza da perda. A comoção gerada por deixar filhos tão pequenos e um mari-

CAPÍTULO 7: SITUAÇÕES EMBARAÇOSAS

do tão dedicado pode tomar conta de todos. Nessa hora, a madrasta, que conhecia a ex- de "outros carnavais" (ou não), nunca deve se irritar se o marido também ficar saudosista, contaminado pela onda de tristeza familiar. Mais uma vez sorria, e depois desabafe quando estiver a sós com ele!

Para essa família, pode ser grande sorte receber uma mulher disposta a ajudar, pois a criança terá uma figura feminina em que se apoiar, para orientá-la nas suas descobertas. E o pai, além de receber o amor de uma mulher, sentirá a segurança de ter em casa alguém que vai colaborar nos cuidados e na educação do filho.

A madrasta precisa ficar atenta para detectar os traumas do falecimento da mãe e ajudar a superá-los. Contrariando tudo o que se ouve por aí, a madrasta pode, sim, ser uma pessoa muito especial na vida dessa criança.

Capítulo 8

Mãe também pode ser má?

Faz doze anos que sou madrasta e desde que comecei a namorar meu marido iniciei outra jornada: a de provar que madrasta também pode ser boa e que mães às vezes podem ser más.

Mãe pode ser má...

Acredite: a mãe pode lançar mão de chantagens, intrigas, mentiras e muitas atitudes condenáveis para prejudicar o ex-marido. E, na maioria das vezes, a criança é atingida, direta ou indiretamente. As histórias a seguir exemplificam essa idéia.

...quando some com a criança

Após a separação, estipula-se um acordo prevendo dias de convivência e pagamento de pensão. O pai faz o pagamento, claro, pois o não-cumprimento dessa norma, se for voluntário, pode levá-lo à cadeia, além de prejudicar a criança em suas necessidades básicas. E qual é a punição para a mãe quando o pai vai buscar a criança e não a encontra em casa?

O pai pode entrar com um processo requerendo ao juiz que lhe assegure os direitos ajustados.

Sumir com a criança é a maneira que a mãe encontra para castigar esse homem, afinal é a arma que lhe resta. Nada mais grave pode atingir o ex-marido. A mãe está inconsolável, pois o ex- está namorando e ela não quer que a criança conviva com a madrasta. Mas e se acontecer o inverso: a mãe arrumar um namorado? Não vai apresentá-lo ao filho?

Quando o pai é punido pela mãe, a criança também sofre. Mas isso não é levado em conta. A sociedade faz vista grossa e parte do princípio de que a mãe é sempre zelosa, ama incondicionalmente seus descendentes e jamais usa seu poder para manipular os filhos. Pobres dessas crianças!

Uma madrasta contou no fórum o caso de uma mãe que trancou a filha no apartamento para não ver o pai. Ela diz: "Antes de me tornar madrasta, eu era completamente alheia a tudo isso. Se visse alguém falando mal de uma 'mãezinha', nem pensava duas vezes antes de defendê-la. Mas o fato é que algumas mães podem fazer coisas horrorosas".

Quem vive o outro lado entende mais facilmente que o pai nem sempre é o vilão egoísta que largou a pobre mãe com as crianças. Alguns casos são realmente assim, mas nem por isso se pode generalizar. Na maioria das vezes, as separações acontecem por causa dos dois, não existindo um único culpado.

Quando a mãe impede o ex-marido de ver o filho, começa o calvário do pai em delegacias, para fazer boletim de ocor-

CAPÍTULO 8: MÃE TAMBÉM PODE SER MÁ?

rência, e com advogados para entrar com processos que se arrastam anos e anos.

Um pai, que se identificou no fórum como Fred, contou sua triste maratona para ver a filha que mora em outra cidade. "Pensei que ao menos a ex- respeitasse o acordo feito na Justiça. Que nada, ela desapareceu de novo com a menina. Não nos restou alternativa senão pedir a busca e apreensão da menor. Depois de insuportáveis seis dias de sofrimento, vi os olhinhos brilhantes da minha filha e seus braços abertos para pegá-la no colo. Nunca vou esquecer essa cena. Poder ficar com a minha pequenina por quase dois dias, depois de mais de dois meses de distância, não tinha preço. Eu parecia uma criança que acabava de ganhar um presente. Brincamos, conversamos, ficamos juntinhos até os últimos segundos. Mesmo sabendo que a ex- tentará estragar outros momentos como esse, vou lutar por eles. Quero agradecer a vocês pela corrente positiva e à minha incansável noiva pelo apoio incondicional."

O que é Síndrome de Alienação Parental?[*]

São as tentativas de alienar a criança de um progenitor em relação ao outro, isto é, de atrapalhar o convívio com o ex-cônjuge. O termo foi criado em 1985 pelo Dr. Richard Gardner, professor de Psiquiatria Infantil da Universidade de Columbia (EUA). Como em geral a guarda da criança é dada à mãe, são muitos os casos de pais que não conseguem conviver com os filhos de modo adequado.

[*] Nem todos os terapeutas e psicólogos aceitam o termo "síndrome" para este caso.

...quando acusa o pai de falso abuso sexual

Depois de muita briga na Justiça, a mãe pode recorrer a uma medida extrema para afastar o pai da criança: acusá-lo falsamente de abuso sexual.

O abuso sexual é um delito grave, que deve ser investigado e punido quando comprovado. É imprescindível que a criança seja afastada do acusado. As conseqüências são sérias para a criança vitimada, mas também seriíssimas para o indivíduo acusado injustamente. Até conseguir reverter o dano causado pela denúncia, o pai perde anos de convivência com o filho, difíceis de ser resgatados, além de passar pelo constrangimento de submeter-se a testes psicológicos e visitas assistidas.

Já que a lei visa a proteger a criança, por que não a protege da própria mãe que abusa psicologicamente dela ao levantar denúncias improcedentes? A falsa acusação de abuso sexual poderá romper o vínculo de convivência indispensável ao desenvolvimento saudável e integral da própria criança, já que a Justiça primeiramente afasta o pai para depois investigar a veracidade da denúncia.

Assim, o pai passa a encontrar a criança em um Visitário Público, local onde são monitoradas as visitas de pais ou mães que tiveram, em algum momento, um comportamento inadequado e prejudicial à criança ou, então, de genitores acusados injustamente.

Entretanto, se ainda assim a visita for a única possibilidade de contato com a criança, o pai impossibilitado de ficar a sós com o filho deve usufruir dela. O que incomoda é imaginar

CAPÍTULO 8: MÃE TAMBÉM PODE SER MÁ?

que mãe ou pai possam expor um filho a um ambiente desses em casos que não sejam de absoluta necessidade – muitas vezes por causa de uma mentira.

Uma madrasta cujo marido sofreu falsa acusação de molestar sexualmente o filho registrou sua indignação no fórum: "É deprimente ver tantas mentiras envolvendo uma criança inocente".

Quando o pai viu o laudo no processo, ficou revoltado: um desenho das partes íntimas do menino, onde se lia "não consta nenhum sinal de violação", estava anexado. É doentio! Como uma mãe pode fazer uma coisa dessas com seu filho?! Não foi fácil passar por tudo isso. O juiz, por sorte, suspendeu apenas os pernoites enquanto as denúncias eram investigadas, e deixou claro que não queria prejuízo no convívio entre pai e filho. O laudo psicológico que comprova a inocência do pai e ainda menciona a insistência da mãe em tentar afastar o ex-marido do filho foi o ponto final disso tudo. "Chorei ao saber do resultado. Não podia acreditar que finalmente tínhamos conseguido desmontar todas aquelas acusações ridículas. Agora, aguardamos a regularização das visitas. O meu marido quer processar a mãe do menino pelas falsas acusações e toda a família materna que prestou falso testemunho".

É até natural as famílias tomarem as dores de seus parentes após a separação. O ex-casal precisa de aconchego e bons conselhos nesse momento difícil. Não de alguém que estimule o espírito de revanche.

Quando começou a namorar, Lia já percebeu que teria dificuldades para se relacionar com a ex-esposa do namorado, e

187

mais ainda com a tia da ex-, que estava disposta a tudo para puni-lo. Depois de muitas batalhas judiciais para impedir as visitas, ambas tiveram a idéia de acusar o pai da criança de abuso sexual. Imediatamente, ele perdeu os pernoites e o direito de ficar sozinho com o filho.

Enquanto o processo tramitava havia dois anos sem definição, a ex-mulher arrumou um namorado que tem três filhos e se tornou madrasta. Passou para o outro lado e é uma boa madrasta. Os enteados a adoram. Ao se casar novamente, talvez alertada pelo companheiro, afastou-se da tia, incentivadora da vingança contra o ex-marido.

Um dia, o pai recebeu um telefonema da ex- sugerindo que fosse buscar o filho para passar o domingo com ele. Segundo a mãe, o menino vivia pedindo para vê-lo. Mesmo assim os pernoites ainda não voltaram, pois o processo continua em andamento.

As denúncias de abuso sexual deveriam ser analisadas mais criticamente nos casos em que a mãe responde a processos por impedir a convivência do ex-marido com a criança, para que se afaste a hipótese de uma tentativa de desmoralização.

...quando mente sobre a paternidade da criança

Será que seu marido é mesmo o pai da criança? Seu enteado pode estar com quatro, dez ou quinze anos e, simplesmente, o pai não poderá mais vê-lo, apesar de ter participado de sua vida emocional e financeira durante esses anos. Ele não é o pai biológico e poderá ter seus direitos reduzidos. Como o

CAPÍTULO 8: MÃE TAMBÉM PODE SER MÁ?

segredo foi descoberto, a mãe é a primeira a não querer mais essa convivência e recebe respaldo da lei.

Além de acompanhar notícias desse tipo divulgadas pela imprensa, tenho dois casos de pais perplexos no fórum: depois de checar, descobriram que não eram os pais verdadeiros de seus filhos.

Uma das histórias foi contada pela madrasta, Fernanda, casada com o pai de um menino de dois anos e uma menina de sete. "O pai sempre desconfiara de que o menino não era dele. Resolveu conferir a paternidade através de um exame de DNA. Foi uma tristeza constatar que sua dúvida tinha razão de ser. Entrou com um pedido de redução de pensão e nova partilha de bens. O juiz concedeu à mãe o direito de defender-se e, enquanto isso, o 'pai' continua a pagar a pensão".

Por essa razão, eu defendo o teste de DNA obrigatório na maternidade, assunto que aprofundo no capítulo a seguir, pois inibiria qualquer intenção da mulher de agir de má fé e de modificar bruscamente o destino de um homem e de uma criança.

Quando eu crescer...

Aconteceu com uma madrasta lá do fórum:
"Numa reunião de família na casa da minha cunhada, alguém perguntou à minha enteada: 'O que você quer ser quando crescer?'. Ela respondeu: 'A mamãe'. Esbocei um sorriso amarelo e disse: 'Que bom!'. Já o meu namorido não teve dúvida: 'Deus é bom, não faria uma maldade dessas com ela' ".

... quando fala mal do pai e faz escândalos

Embora pareça menos grave do que os outros delitos citados, ouvir maldades pode fazer um estrago considerável no perfil da criança. De tanto ouvir falar mal do pai por anos a fio, a criança pode acreditar que aquele homem tem os piores defeitos do mundo e um péssimo caráter. Quando surge finalmente a oportunidade de uma conversa franca entre o pai e a criança, ela surpreende-se ao descobrir que aquela é apenas a opinião da mãe.

Há muitos casos em que a crítica é injustificada. O pai não tem defeitos de caráter, mas a ex- faz tudo para atrapalhar a relação dele com a criança. A intenção é agredir o pai que está namorando ou se casou novamente. Nos casos mais graves, o pai e a madrasta não podem contar nenhum plano à criança por causa da ex-mulher. Têm medo de que ela, ao ouvir o relato da criança, perca os limites, faça escândalo e estrague tudo.

Cada caso é um caso. O pai depende do bom senso de um juiz para julgar a sua causa, e esse procedimento pode ser desgastante demais, mas eu ainda sempre fico do lado da criança. Tudo deve ser feito para protegê-la. O pai tem de acabar com as más atitudes dessa mãe que usa o filho como objeto de troca.

Já é um absurdo a convivência do pai com a criança se resumir a dias de visita. O ideal seria que o pai tivesse livre acesso para ver o filho e a mãe também, caso a guarda pertença ao pai. Se ambos não fazem nada que prejudique o filho, por que devem ser privados?

O ex- pode de fato ter sido um péssimo marido ou companheiro, mas ainda assim ser um bom pai. Mesmo um pai alcoólatra: por mais difícil que seja separar um homem alcoólatra da figura de pai, isso tem de ser feito. Talvez esse pai não possa levar a criança de carro para um passeio, mas pode levar o filho à pracinha próxima da casa da mãe e conviver com ele. Pode contar até com a ajuda da madrasta, que vai cuidar da criança caso ele perca o controle e beba novamente. Há muitas maneiras de proteger um filho sem afastá-lo totalmente do pai.

...quando diz coisas terríveis ao filho

No meio do tiroteio entre mãe e pai, sobram estilhaços para a criança. Silvana contou que a ex- do seu marido faz coisas absurdas como pedir o testemunho da filha de quatro anos perguntando a ela, na frente do pai: "Você gosta da sua madrasta?". Pressionada desse jeito, é óbvio que a menina responde que não gosta. "Mas quando está conosco chega a trocar o colo do pai pelo meu", conta, por sua vez, a madrasta. Estavam jantando uma noite na casa paterna quando a menina fez um comentário que assustou o pai e a madrasta: "Minha mãe falou que toda essa maldade que eu estou fazendo para ela vai voltar um dia para mim". Silvana e o marido ficaram paralisados, sem saber como agir.

A saída nesses casos é amenizar a aflição da criança, colocar panos quentes, dizendo que a mamãe não pensa bem assim, devia estar nervosa e que as mães desejam o bem para os filhos. Não ajudaria nada falar mal da ex- naquele momento, dizendo algo como: "Sua mãe é louca e fala o que não deve". A criança ama a mãe, por mais que esta a prejudique.

Uma frase desse tipo é uma ameaça cruel, dita normalmente quando o filho toma coragem de enfrentar a mãe e incluir o pai em sua vida. A mãe age como se a criança estivesse fazendo algo errado, já que acha que deveria ser fiel só a ela. A criança sente-se pressionada a fazer uma escolha contra sua vontade. Não faz e teme ser punida um dia.

É importante que o pai fique alerta. Se notar que a criança está sofrendo prejuízo psicológico por causa de atitudes da mãe, deve reivindicar a guarda da criança.

Infelizmente, algumas mães acham que têm total controle sobre a vida do filho. Podem fazer e falar o que quiserem e acabam dizendo coisas que a criança nunca precisaria ouvir. Frases como a dessa mãe acabam com a auto-estima de alguém que está em fase de crescimento, que precisa ganhar apoio e confiança para se desenvolver[1].

Crianças que escutam frases desse tipo dizem sentir pena da mãe e têm muitos conflitos internos. Muitas choram à toa, roem unhas, fazem coisas erradas para chamar a atenção e conseguem, muitas vezes de maneira inadequada. Sentem-se culpadas em desejar a companhia do pai.

---

1. Leia no fim deste capítulo algumas frases que nunca deveriam ser ditas por mães ou pais.

CAPÍTULO 8: MÃE TAMBÉM PODE SER MÁ?

Algumas crianças se afastam da mãe e, mesmo assim, ela não percebe que foram suas atitudes erradas que provocaram isso. Tendem a culpar outras pessoas, normalmente o ex-marido. Um grupo de discussão pode ajudar famílias que enfrentam esses conflitos a melhorar a convivência e poupar seqüelas aos filhos.

Toda criança precisa ter pai e mãe participando de sua vida para ser feliz. É visível que o meu filho requer minha presença tanto quanto a do meu marido. Ele fica bem com um e com o outro para comer, tomar banho, dormir etc. Foi acostumado assim. É filho de um casal consciente de que o pai não serve apenas para trazer dinheiro para casa.

Filho não é propriedade da mãe. Está na hora de deixar isso bem claro para que ninguém mais parta do princípio de que basta ser mãe para ser a pessoa mais dedicada e amorosa. O pai tem os mesmos direitos, só não sabe ainda como e onde procurá-los.

Ah... esses enteados!!!

Histórias simpáticas contadas por madrastas-corujas.

1. "Meu enteado estava me ajudando a arrumar sua mala para ir para a casa da mãe. Ele escolheu uma camiseta surradinha. Eu disse: 'Essa não, essa é de ficar em casa'. Ele respondeu: 'Mas a casa da minha mãe também é minha casa'."

2. "Quando conheci minha enteada, ela estava com quatro anos e veio com esta pérola: 'Tia, se a mamãe tem namorado e o papai tem namorada, quando eu crescer eu vou poder ter dois namorados, né?'."

Os equívocos paternos

Criança também precisa do pai

Muitos dizem que o importante é ter uma figura masculina ou feminina para substituir o ente afastado. Mas só concordo com isso em caso de falecimento. Se os pais estão vivos, eles é que devem participar da vida da criança, e não um substituto do mesmo sexo. O exercício da paternidade e da maternidade é garantido por lei.

Vou abordar especificamente a falta que o pai faz. Uma pesquisa realizada com crianças e adolescentes do *Programa de Atenção à Infância e à Adolescência* da Universidade Estadual Paulista (Unesp), de Bauru, constatou que 80% dos que apresentavam problemas de agressividade, indisciplina, baixo rendimento escolar e apatia se ressentiam da ausência do pai. A autora do trabalho, a psicóloga Vera Resende, orientou os pais a participarem mais da vida dos filhos.

"Saber quem é o pai, conhecê-lo e conviver com ele é parte integrante e fundamental da construção da identidade pessoal", informa o psicanalista Sergio Nick. No ensaio *Dano moral e a falta do pai – Algumas considerações sobre a produção independente*, ele comparou filhos de produções independentes e crianças abandonadas pelo pai e constatou que os riscos e danos são diferentes em cada caso. Suas afirmações:

- produção independente: o maior perigo é a excessiva fusão com a mãe, a convicção de que mãe e filho se bastam um ao outro, de que ela pode suprir todas as necessidades da

CAPÍTULO 8: MÃE TAMBÉM PODE SER MÁ?

criança, o que não é verdadeiro e pode gerar distúrbios emocionais no filho.

- filhos abandonados total ou parcialmente pelo pai têm dificuldade de lidar com sentimentos decorrentes desse abandono, baixa auto-estima, inveja e ódio, o que pode trazer conseqüências imprevisíveis.

Conforme diz o psicanalista, a mãe emocionalmente madura pode suprir um pouco essa carência, exercendo as funções de mãe e pai, desde que o filho entenda que ela não pode ser tudo na vida dele, nem negue a identidade, a presença e a participação do pai.

A verdade é que os filhos querem ficar perto do pai e, às vezes, cobram atenção na tentativa de resgatar o relacionamento, como revela a passagem narrada pela madrasta Valquíria: "A filha mais velha do meu marido entregou a ele no Dia dos Pais um presente e uma carta de desabafo. Nela dizia que o pai era ausente e sentia a falta dele, queria vê-lo mais vezes. Meu marido realmente se afastou das crianças. Expliquei a ele que precisava deixar de lado o rancor pela ex- e voltar a pegar os filhos".

Essa madrasta está agindo certo ao estimular o marido a participar mais da vida dos filhos. Pense que a infância deles vai passar, e que lembranças terão da companhia do pai nessa fase? Apenas festas de aniversários e outras ocasiões festivas? E o cinema, a praça, o passeio de bicicleta, o banho, os desenhos na TV, a hora de fazer a barba?

É importante ouvir a criança para saber em que momentos ela mais sente a ausência do pai e tentar se aproximar para compensar a falta. Para alguns pais, que nunca receberam carinho, pode ser difícil, mas não impossível, com a ajuda da madrasta. Aliás, ela se sentirá muito bem sabendo que foi incentivadora dessa reaproximação.

Exageros em nome do amor

É comum escutarmos as mães dizerem que o que amam mais na vida são os filhos, que, se tivessem de escolher entre salvar o marido ou o filho, ficariam com o filho, deixando o casamento em segundo plano. Pois algumas madrastas também se espantam ao ouvir o marido ou namorado dizer algo semelhante. Logo no início do namoro, declaram que o filho é a pessoa mais importante para ele neste mundo. Ou seja, "você até pode fazer parte da minha vida, mas a qualquer momento a criança poderá decidir por mim. Eu não tenho opinião própria nem controle sobre minha vida". Não existe hierarquia, e a criança percebe isso desde o início.

Novela mexicana

Esta passagem foi narrada por uma madrasta lá no fórum: "Meu marido estava arrasado por não acompanhar mais o dia-a-dia dos filhos. 'Agora nem vou vê-los ir para a escola de perua', disse com olhos marejados. Depois de expressar alguma solidariedade, pensei por um segundo e lembrei que a perua escolar passa para pegar as crianças às 11h30. Respondi: 'Nesse horário, você está no trabalho. Nem se ainda fosse casado com sua ex-mulher estaria em casa nesse momento!' ". Às vezes, a madrasta tem de despertar o marido do drama e trazê-lo à realidade.

CAPÍTULO 8: MÃE TAMBÉM PODE SER MÁ?

Ninguém se lembra de que filho cresce e vai viajar, estudar fora ou se casar. E ficam os pais: cada um para um lado, sem chão. Vem a síndrome do ninho vazio: ambos se sentem arrasados por perder a rotina, sentem-se inúteis, sem valor, afinal há anos a vida era dedicada ao filho. Mesmo que o amor por um filho seja imenso, podemos amar outras pessoas ao mesmo tempo. Se os pais não conseguem, têm de aprender a dosar esse amor e impor limites a si mesmos.

Os pais têm direito de ser felizes. Podem dizer ao filho que agora é a vez deles, que os filhos não são a única coisa importante na vida deles. Filhos criados com amor exclusivo podem tornar-se egoístas ao extremo.

Um pai estava muito contente, pois finalmente se casaria de novo após anos de separação. Deixaria o *flat* e teria um lar. Quando a filha soube que ele estava construindo uma casa e gastando com móveis e eletrodomésticos, expressou sua desaprovação, reclamando que o pai estava gastando o dinheiro da herança dela. O egoísmo dessa filha é resultado de anos de dedicação exclusiva do pai. A menina dizia que o dinheiro era dela, entre outras frases inconseqüentes. Não, o dinheiro é dele. E ele faz o que bem entende.

No caso da mãe separada, então, essa ligação com o filho pode ser ainda mais forte. Está sozinha em casa, magoada, deprimida, em pleno luto. Essa mãe corre um sério risco de passar a viver em função do filho. Dormem juntos na mesma cama, mesmo que a criança tenha um lindo quarto montado. Vai de casa para o trabalho, do trabalho para a escola da criança, da escola para a natação da criança.

Quando chega o fim de semana do pai, essa mãe fica em casa chorando, contando no relógio o tempo que falta para a criança voltar. Se por algum motivo o pai quiser ficar mais alguns dias com a criança ou até pedir a guarda, ela se sentirá ameaçada, pois vão tirar a única coisa que lhe restou na vida. E em todos os lugares ela escreve: "Meu filho é tudo pra mim, a razão da minha existência".

É normal haver luto pós-separação, é até importante elaborar bem esse momento, ficar recolhida por umas semanas; mas, depois, a mulher precisa dar outro sentido para a vida. Vai, sim, cuidar da criança e educá-la muito bem, mas também ter vida própria. Quando a criança sair com o pai, a mãe deve aproveitar para passear com as amigas e paquerar, criar a oportunidade de conhecer um grande amor para o resto da vida. Não pode perder a esperança de que esse homem exista.

Filho cresce e desaparece. Quando isso acontece, é importante que, ao nosso lado, esteja a pessoa com quem vamos dividir a vida até o fim. É com ele que vamos viajar e aproveitar a vida a dois, agora que não há mais as obrigações com os filhos.

Vamos aprender a viver as fases da vida. Filho faz parte de uma fase. Existirão para sempre, é claro, mas vão afastar-se para ter a própria vida, e a mãe tem de estar preparada para assumir outras responsabilidades.

A perigosa cegueira: recado para o pai

Você que é um bom pai separado, já parou para pensar na madrasta que arrumará para o seu filho? Sabe o mal que pode causar para a criança se essa mulher não o tratar bem? Já parou para pensar que ela poderá influenciá-lo a se afastar do seu filho, negar-lhe ajuda financeira, entre outras maldades? Sabia que você pode ficar cego de amor e acreditar em tudo o que essa mulher lhe disser?

Recebi vários relatos de filhos que tiveram madrastas más, como eu. Essas mulheres fizeram de tudo para acabar com a vida de seus enteados e algumas tiveram o pai como cúmplice passivo. Eles escutavam o filho reclamar, mas estavam cegos e aceitavam apenas as condições impostas pela madrasta. Pior: debochavam dos filhos e os deixavam sem esperanças de uma vida melhor.

E quando a madrasta maltrata o enteado?

O pai tem de estar alerta e proteger a criança. Se notar um comportamento inadequado por parte da companheira, deverá interferir e conversar com ela para que procure ajuda. Se a madrasta não se adaptar ao papel, é melhor encerrar o relacionamento do que expor os filhos a riscos. Ela, por sua vez, deve procurar um namorado sem filhos.

Você, bom pai, não pode escolher a sua segunda mulher e simplesmente introduzi-la dentro de casa, expondo seus filhos. Essa mulher não pode querer mudar os hábitos da casa, os afazeres domésticos e outras situações habituais. Os filhos não podem ser obrigados a aceitar essa mulher apenas porque você a escolheu. Escolha alguém que aceite o seu filho, pois ele já estava na sua vida antes dela.

Se você não puder sustentar financeiramente uma nova família, por ainda ser responsável por vários gastos com seu filho do primeiro casamento, preocupe-se em casar-se com uma mulher já estruturada, capaz de contribuir com o caixa familiar.

Você provavelmente terá novos filhos, mas não poderá esquecer-se das suas obrigações de pai: as crianças do casamento anterior. Obrigações financeiras e emocionais. Os filhos sempre precisam dos pais. Não é porque atingem a maioridade que se tornam independentes. Mesmo que o jovem trabalhe, pode um dia precisar de ajuda extra, um socorro, e isso não significa que seja um vagabundo, como poderia dizer uma madrasta sem bom coração. Observe bem as atitudes de seu filho. É você quem deve avaliar a situação, e não a sua segunda esposa.

Não traga para dentro de casa uma inimiga para os seus filhos. Você tem o direito de refazer sua vida, casar-se novamente, mas não pode acabar com a vida de uma criança. Prepare o encontro, o ambiente, faça de tudo para que a harmonia familiar seja preservada. Muitas vezes o relacionamento entre madrasta e enteado se desgasta e acaba pela total falta de apoio e participação do pai.

Pai e mãe de fim de semana

Nem todo pai, nem toda mãe estão realmente interessados em ser mais presentes. Para alguns, basta o combinado: encontrar-se com o filho a cada quinze dias, ser um pai de fim de semana – tempo curto para a convivência. Mas, se a iniciativa de maior aproximação não partir dele, pode se limitar a isso, ao provedor financeiro que leva para passear. E, assim, a criança pode criar a falsa idéia de que na casa do pai tudo é legal: há horários mais flexíveis, comidas mais gostosas e poucas obrigações. A parte chata fica com a mãe. Ela se preocupa com horários, lição de casa, alimentação saudável. E durante a semana não dá para passear.

Atualmente tem surgido também a figura da mãe de fim de semana, que apresenta um perfil um pouco diferente do pai. Em geral é uma mulher que teve filho muito jovem, precisou cuidar da criança e, assim que esta cresce, reinicia sua vida do ponto onde parou. Tem mais oportunidade para sair à noite, passear, viajar com as amigas. Se voltar a estudar, então, estará ainda mais realizada por redirecionar a vida. Quer correr atrás do tempo perdido.

É bastante comum encontrarmos, naquela rodinha do barzinho, a mãe com o filho adolescente. Ele iniciando e ela retomando as baladas, ambos convivendo no mesmo ambiente.

Há chances de essa mãe ter mais uma relação de amizade do que de cuidadora, mas não necessariamente o adolescente a desrespeitará por isso. Se tanto a mãe quanto o filho estiverem confortáveis e gostarem de sair, podem freqüentar os mesmos lugares. Agora, se o filho demonstrar que não aceita a hierarquia, é importante a mãe rever seu comportamento, pois o adolescente espera que os pais sejam o porto seguro, e não simples amigos.

Meu bom companheiro

É comum a mãe de filho pequeno achar que o pai não pode levar a criança com ele porque será incapaz de cuidar do filho direito. Toda vez que esse tema aparece no fórum, costumo contar a minha experiência com meu pai.

Eu tinha três anos quando os meus pais se separaram. Minha mãe era cuidadosa com a minha alimentação e higiene, escolhia bons médicos, escolas e cursos extracurriculares. Usei bota ortopédica, aparelho nos dentes, óculos. Fiz *jazz*, inglês, francês, ginástica olímpica, natação.

Meu pai era português, viera para o Brasil aos 14 anos. Após a separação, vinha para São Paulo me ver em todos os fins de semana, e nas férias eu ficava na casa dele. Na estrada, eu viajava no banco da frente, deitada, com a cabeça no colo dele, sem cinto de segurança (ninguém usava, lembram?). Ele carregava gasolina no carro, pois os postos fechavam aos domingos. Às vezes eu ia dormindo em cima do galão de gasolina, com um travesseiro, para esconder do guarda, caso fôssemos parados.

Minha cachorrinha, que morava com ele, vinha junto, comia chocolate da minha mão e lambia a minha boca para pegar mais chocolate. Na casa do meu pai, havia a

CAPÍTULO 8: MÃE TAMBÉM PODE SER MÁ?

dona Diva, empregada que cuidava da limpeza e da comida. Mas a base da alimentação eram enlatados. Na geladeira, havia iogurtes, latinhas de cerveja, picles, queijo, azeitona e cereja em calda. Eu ia para a gráfica do meu pai diariamente e lá brincava todo o tempo. Montava a minha casinha de bonecas na estante de papéis. Cada andar era um cômodo. Eu jogava vôlei com a secretária. Usávamos uma bolinha feita de papel. Ao lado da empresa passava um rio e eu adorava jogar o barquinho de um lado e vê-lo aparecer do outro. Corria de um lado para o outro daquela ponte de madeira, atravessava a rua sem olhar direito. Aprendi a andar de bicicleta ali mesmo, na ladeira. Cumprimentava todos os funcionários com aquela mão suja da oficina e ainda varria os papéis do chão e tocos de cigarro dos trabalhadores. Intercalava notas fiscais e a mão ficava suja por causa do papel carbono, não podia perder a numeração. Ia à padaria todos os dias comer doce. Meu pai tinha muitos amigos e a *happy hour* combinada. Eu lia revistinhas e tomava quantos sorvetes quisesse, enquanto eles bebiam doses e mais doses de uísque e conversavam até cansar. Às vezes eu pedia para ir embora e então íamos. Víamos televisão juntos, montávamos jogos, trem de madeira enquanto abríamos uma lata de alguma coisa para comer e chocolates que a Pitoca, nossa cachorra, comia junto. Eu capotava de sono no sofá ou dormia na cama com o meu pai.

203

Banho? Às vezes tomava. Meu joelho estava sempre encardido, e só limpava quando eu voltava das férias para a casa da minha mãe. Ela pedia a ele para comprar roupas. Ele comprava cinco blusas iguais, mas de cores diferentes. E três sapatos, também iguais, com cores diferentes. Nas lojas de brinquedos, eu comprava o que queria. No supermercado, empurrava o meu próprio carrinho.

Tive insolação no verão porque ficava horas na piscina sem tomar água e descascava inteira, pois não usávamos protetor solar (lembram disso também?). E comia muitas coxinhas no clube. Dávamos voltas de carro sem destino pela cidade. Íamos ver o trem, a igreja lá no alto do morro. E íamos juntos passar o Natal com a família da minha mãe. Eram horas de conversa sem fim.

Eu tinha um cartão de telefone para ligar pra ele de São Paulo, sempre que quisesse. A cobrança da ligação interurbana ia direto para a conta dele. A minha mãe nunca reclamou para mim do estilo de vida do meu pai. Quando eu cresci, soube quanto ela se preocupava com tanta falta de cuidados e rezava para eu nunca beber nem fumar. Eu nunca bebi nem fumei. Minhas férias foram assim até os 13 anos, quando meu pai se casou novamente e a casa passou a ter organização.

E foi em uma dessas férias, quando eu tinha 23 anos, que ele me contou que estava com câncer. Na laringe, na faringe, na traquéia, nas cordas vocais. Faleceu um mês depois. Despedi-me dele na UTI. Parecia inconsciente, mas eu pedi um beijo. Ele fez um bico com a boca.

Hoje eu sou mãe e, só de imaginar o meu filho de cinco anos sob os cuidados de meu pai, fico de cabelo em pé. Nenhuma mãe quer essa bagunça toda na vida do filho, mas eu digo com a maior felicidade que tive o melhor pai do mundo.

Então, espero que as mães separadas entendam que, para a criança, ter um pai presente é mais importante do que tomar banho e comer legumes.

CAPÍTULO 8: MÃE TAMBÉM PODE SER MÁ?

POÇÕES MALIGNAS

Frases que a mãe jamais, em tempo algum, deve dizer ao filho, sob o risco de arrasar sua auto-estima e transformar-se na bruxa desta história.

1. "Você não me ama mais, por isso prefere ficar com o seu pai."

Mesmo quando a mãe está casada, é comum não dividir a criança com o pai, imagine então após a separação. Ao perceber que a criança fica bem sem ela, que sobrevive na casa do pai, a mãe insegura faz chantagem para a criança preferir a companhia dela.

2. "Eu te esperei por nove meses, te conheço melhor do que o seu pai."

Algumas mulheres acham que basta ter gerado um bebê para conhecê-lo mais do que ninguém. E reservam ao pai um papel inferior, de mero coadjuvante, às vezes até de figurante. O vínculo com a criança é estabelecido por meio de cuidados. Se ambos participarem da vida da criança, ambos conhecerão o filho. Se o pai for mais afetivo, presente, tende a conhecer a criança mais do que a mãe. Se

207

a maioria dos cuidados for delegada à babá, será a babá quem mais conhecerá a criança.

3. "Lugar de filho é ao lado da mãe."

O lugar do filho é ao lado da mãe e do pai. E também ao lado dos irmãos, dos professores, dos familiares e amigos. Mães não criam filhos para si, e sim para o mundo. A participação de todos é importante para o bom desenvolvimento infantil. Não há por que querer disputar um lugar melhor, não há um pódio para essa classificação.

4. "Você não liga mais para mim, vá lá ficar com o seu pai."

Apesar de insistir em dizer que ela, a mãe, é a pessoa mais importante na vida da criança, esta demonstra querer também a participação do pai. Sentindo-se ameaçada, a mãe inibe a criança a demonstrar interesse em passear com o pai. Isso pode ficar tão sério que a criança chega a dizer que não quer ir.

5. "Como você se sentiria se a mamãe fosse embora de vez?"

Essa é outra ameaça que pode fazer a criança recuar e não incluir o pai em seu convívio, pois ela não quer perder a mãe. De algum modo, a criança sabe que o pai estará lá. Ele não fez nenhuma ameaça, mas a mãe... Então, pensa a criança, o momento não é bom para sair de perto da mãe. A criança tentará novamente quando estiver mais fortalecida. Ou não.

6. "A qualquer hora, mando você morar com o seu pai e vou morar em outro país."

A mãe insiste em achar que morar com o pai, definitivamente, é o maior castigo para a criança desobediente. O que a criança teme não é a casa do pai, e sim a perda da mãe que ameaça desaparecer; portanto, passa a se comportar bem até a próxima traquinagem e uma nova ameaça.

7. "É tão ruim assim ficar com a mamãe?"

Quando a criança está eufórica para passear com o pai, ir à casa dele ou de lá voltar feliz, contando tudo o que fez de legal com o pai, pode escutar essa chantagem disfarçada. A mãe devia se envergonhar!

8. "Eu nunca fui uma boa mãe, não presto mesmo."

Muitas mulheres acreditam realmente no que dizem. Sentem-se culpadas por não conseguir segurar a criança, afinal acham que mãe é sempre melhor que o pai. Mas ela falhou, não convenceu o filho a pensar assim e agora age como mártir. Quer cavar um elogio, ouvir a criança dizer: "Você é a melhor mãe que existe".

9. "Pode ficar com o seu pai mais um dia, eu fico aqui sofrendo, tudo bem."

Essa frase costuma ser dita por telefone. A mãe consegue interferir na vida da criança mesmo quando ela está na casa do pai. E, mais uma vez, a criança sente-se culpada por deixar a mãe sozinha, abandonada. Depois de ouvi-la, não é raro pedir para ir embora, dizendo que está com saudade da mãe.

CAPÍTULO 8: MÃE TAMBÉM PODE SER MÁ?

PRÍNCIPE OU SAPO?

Pais também perdem oportunidades de ficar de bico calado.

As frases a seguir são as que a madrasta mais odeia ouvir do marido.

1. "Você não é mãe, não entende direito o que é o sentimento por um filho!"

2. "Coitado do meu filho! Eu já passo tão pouco tempo com ele e ainda terei de ficar chamando sua atenção quando ele fizer algo errado?"

3. "Eu não posso dizer 'não' para uma coisa que meu filho quer! Eu trabalho é pra isso!"

4. "Se a mãe não dá, o problema é dela. Minha obrigação é dar tudo de que meu filho precisa."

5. "Meu filho é muito bem-educado e comportado. Todos elogiam meu filho, só você não enxerga as boas qualidades dele."

6. "Você só sabe implicar com o menino. E olha que ele gosta muito de você."

211

7. "Coitadinho! Ele tem uma vida tão sofrida!"

8. "Ele é terrível, mas nem tanto..."

9. "Pode ficar tranqüila. Ele virá, mas você nem vai perceber que tem criança em casa."

10. "Deixa a bagunça aí que depois eu arrumo!"

11. "Meu filho está morrendo de fome. Faz um macarrão pra ele e pra mim."

12. "Meu filho vai dormir na nossa cama hoje."

13. "Eu avisei que já tinha uma filha e você topou me namorar."

14. "Eu só faço isso por causa das crianças."

Capítulo 9
Passos para o futuro

A família mudou. Avanços aconteceram, mas ainda há muito a evoluir para melhorar as relações nessas pequenas comunidades. O Direito de Família nem sempre consegue acompanhar a velocidade dessas transformações. A Justiça continua lenta, demorada... Mas já surgem sinais de mudanças.

No começo de 2007, o presidente Luiz Inácio Lula da Silva sancionou uma lei segundo a qual divórcios e separações, desde que consensuais e que não envolvam filhos e incapazes, podem ser homologados em escrituras públicas. Ou seja, poderão ser feitos em cartórios, sem precisar passar pelos tribunais.

Essa decisão terá seus prós e contras. Mas há grande esperança de que desafogue os juízes para que eles acelerem os processos de famílias envolvendo crianças e que estão empacados nos fóruns. Os processos demoram tanto para se encerrar que a família acaba resolvendo seus problemas sozinha, antes de ter uma audiência. Uma madrasta do fórum contou que seu marido está pensando em cancelar o processo que deu entrada em 2004, pois o que ele queria na época já não faz mais sentido agora, três anos depois.

Vocês podem ter uma idéia de quantos pais estão afastados da criança porque aguardam uma decisão judicial? E são perdas que não têm volta. Como resgatar os anos perdidos de convivência?

> **Mãe e madrasta sob o mesmo teto**
>
> Um novo arranjo familiar pode ser composto por um casal homossexual em que um dos dois traz filhos de relação anterior. Ou seja, a criança terá uma mãe e uma madrasta ou um pai e um padrasto na mesma casa. Já tive a rica oportunidade de receber no fórum uma madrasta homossexual que vivia situações difíceis com os dois enteados. Ela e a mãe discordavam muito sobre a maneira de educar, o que gerava grandes conflitos. Os meninos pouco obedeciam à madrasta porque a mãe não exigia que assim fosse. Aparentemente, os filhos se adaptavam bem a essa estrutura familiar. Não demonstraram constrangimento pela orientação sexual da mãe. Os problemas giravam em torno da desorganização na casa.

Guarda compartilhada
(Projeto de Lei nº 6350/2002)

No meu entender, é a melhor modalidade de guarda para uma criança, pois divide entre pai e mãe a responsabilidade dos direitos e deveres decorrentes do poder familiar, a fim de garantir a guarda material, educacional, social e de bem-estar dos filhos. Quer dizer, ambos participam da escolha do colégio, do médico, de todas as decisões que dizem respeito à criança e também do seu dia-a-dia. A guarda compartilhada possibilita aos genitores o mesmo direito de educar a criança.

CAPÍTULO 9: PASSOS PARA O FUTURO

Uns acreditam que para isso é necessária a alternância de casas: o filho mora durante um período predeterminado na casa do pai e no seguinte na casa da mãe, e assim por diante. Se for o caso, realmente o ex-casal tem de conviver bem e ser organizado. Além disso, precisa morar em bairros próximos, pois a escola e os demais afazeres da criança têm de estar perto dos dois.

Não vejo necessidade de alternar as casas. A criança pode ter um domicílio fixo, como a residência da mãe, mas o pai participa ativamente de suas atividades e compromissos. As tarefas e horários são divididos: um vai à reunião da escola e o outro à festa. Ambos compartilham os cuidados com a criança. O pai também leva o filho ao médico, corta suas unhas e seu cabelo, enfim, assume que educar e cuidar são responsabilidades dele também. Ele pode entrar na casa da mãe se o filho o chamar para consertar o computador ou descarregar os refrigerantes da festa de aniversário, por exemplo.

Quando o domicílio é alternado, os pais nem sempre pensam no transtorno que isso pode causar à criança. Chegam a mudá-la de escola a cada temporada. Imagine como deve ser ter novos livros, professores, colegas, ambientes e problemas a cada seis meses ou a cada ano? Os que permanecem na mesma escola nunca se lembram onde deixaram o livro de Matemática (na casa do pai ou da mãe?) e podem ficar em dúvida quanto à casa para a qual deverão ir, pois existem também alternâncias de dia, semana ou mês.

A guarda compartilhada é aplicada modernamente na Grã-Bretanha, na França e nos Estados Unidos. Os juízes a concedem baseados no fato de que ela parece favorecer todas as partes envolvidas.

Sua regulamentação pode estar próxima. A Câmara dos Deputados aprovou o Projeto de Lei nº 6350/2002, que institui a guarda compartilhada para os filhos de pais separados/divorciados. O projeto segue agora para o Senado, após quatro anos e dois meses de avaliação e trâmite. Se for aprovado no Senado, o passo seguinte será obter a sanção do presidente da República.

Uma dúvida que paira no ar é se a guarda compartilhada pode ser uma boa opção para pais que não se entendem. Como eles vão resolver juntos os horários e as atividades dos filhos se não chegam a um acordo? Nessa circunstância, podem ser encaminhados para a mediação e há, sim, uma chance de os pais perceberem a necessidade de mudar de comportamento. Nos casos em que o casal não se dá bem, o mais comum é a guarda ser confiada à mãe e o pai ser excluído das decisões.

Um dos requisitos para que essa modalidade de guarda dê resultado é a consciência do ex-casal de que entre eles existe apenas o vínculo necessário para educar os filhos. Geralmente, cada um tem um novo companheiro ou, se não tem, não deve alimentar expectativa de reconciliação.

Fiquei chocada com o relato de um pai do *site* www.pailegal.net. Ele já estava separado havia anos, morando fora de casa, mas decidiu voltar a viver com a ex-esposa para educarem os filhos pequenos. Só que essa mãe nunca deixou o pai

CAPÍTULO 9: PASSOS PARA O FUTURO

participar. Os filhos adolescentes não escutavam a opinião dele, só as da mãe. Quer dizer, esse pai deixou de ter vida própria para ser apenas pai, e nem isso lhe foi permitido: perdeu os filhos vivendo sob o mesmo teto.

Moral da história: o pai separado não precisa se preocupar, pois pode participar da vida do filho ainda que more em outra casa ou viva um novo casamento, desde que a mãe permita.

Exame de DNA na maternidade

Venho defendendo também outro projeto que considero da maior importância para deixar mais transparente as relações dentro das famílias: a obrigatoriedade do teste de DNA na maternidade. Ele seria um procedimento de rotina, assim como o teste do pezinho.

O DNA é uma molécula no formato de dupla hélice que abriga todas as informações genéticas de uma pessoa, estando presente em cada uma de nossas células. Pela comparação da molécula da criança com as de seus pais, é possível confirmar a paternidade e a maternidade com precisão de 98%.

> **Números expressivos**
>
> De cada dez processos que dão entrada nas varas de família das capitais brasileiras, nove são ações pedindo reconhecimento de paternidade e pensão alimentícia. Imagine quantas pessoas atualmente no país aguardam o posicionamento do juiz para definir seus relacionamentos com pais, filhos, ex-mulher, ex-marido...
>
> A lei garante a realização gratuita do exame de DNA para pessoas que comprovem a impossibilidade de pagar as despesas periciais.

São muitos os benefícios da realização obrigatória do teste de DNA logo após o nascimento, antes de deixar o berçário do hospital:

- A criança saberá sua origem verdadeira, portanto estará protegida da mãe que mente a respeito.
- A mãe não poderá mentir sobre quem é o pai da criança, pois será desmascarada na maternidade.
- O pai não passará pelo constrangimento de pedir um exame de DNA nem de ser usado como pai até quando interessar à mãe.
- O pai não poderá se eximir de ser pai de uma criança por achar que o bebê não é seu e a mãe poderá colocar o nome do pai no registro da criança.
- Diminuirão os processos no fórum com pedido de exame de DNA, e com o passar dos anos, nem existirá mais esse pedido.
- Os pais saberão que o bebê não foi trocado na maternidade.
- Serão menores os traumas psicológicos causados às crianças nesses casos, porque os processos são lentos e, durante o período de briga judicial, a criança pode ser submetida à tortura psicológica pelo comportamento inadequado dos genitores. O exame obrigatório acaba sendo uma medida de proteção à criança.

O exame tem de ser realizado pelo Estado ou, se realizado em instituição particular, validado pelos órgãos públicos competentes.

CAPÍTULO 9: PASSOS PARA O FUTURO

Algumas questões terão de ser discutidas, por exemplo: a família poderá requisitar quantos exames forem necessários? E se a mãe não conseguir achar o pai ou se o pai não quiser realizar o exame? Como esse impasse será resolvido?

Seja como for, o importante é existir na sociedade a disposição de avançar nessas questões fundamentais para que haja mais respeito entre as pessoas e transparência dentro das famílias.

Conclusões

Definitivamente, viver em grupo não é fácil. Interpretar o que o outro falou pode ser tarefa para meses, ou até anos. Então, nada mais adequado do que fazer do diálogo parte integrante do dia-a-dia familiar. Sem ele ninguém expõe sentimentos, anseios, desejos, e não há entendimento. Muitas vezes, a família se vê em estado de pânico e busca ajuda na terapia familiar. É sinal de lucidez e esperança de que tudo pode melhorar. Temos de procurar ajuda quando não damos conta sozinhos e tudo parece escapar ao nosso controle.

Na verdade, esse controle ninguém tem. Temos uma série de atitudes que, muitas vezes, casam com as atitudes do outro. Se for o contrário, gera conflitos. Se ninguém ceder, forma-se uma barreira que produz o desafio: "Como viver bem novamente?". Essa resposta está dentro de cada família.

As maiores dificuldades aparecem quando alguma coisa sai da normalidade: filho usuário de drogas, mãe ausente, pai alcoólico, falecimento, perda de emprego, entre outras fatalidades. Nesses momentos todos perdem o chão. Por onde recomeçar?

Batalhe pela união familiar antes de algum problema aparecer. Quanto mais amigos e mais unidos vocês forem, mais resilientes estarão diante de futuros contratempos.

Mesmo que o arranjo não se limite mais, e tão-somente, a pai, mãe e filhos em comum, mas também englobe madrasta, padrasto, ex-mulher, ex-marido, meus, seus e nossos filhos, a família sempre poderá ser a base de tudo.

Anexos
Dicionário das madrastas

Os participantes do Fórum das Madrastas conhecem um vocabulário divertido (ou irônico). As palavras usadas foram reunidas neste Dicionário das madrastas.

A minha ex-: é a ex-mulher do marido ou namorado.

Alice: madrasta que só enxerga as coisas boas, não vê maldade em nenhuma atitude da ex- ou do enteado.

Boadrasta: termo utilizado quando a madrasta quer ressaltar que não é má.

Bolha assassina: pessoa que não tem limite, ocupa todos os espaços de todos.

Cara de paisagem: fingir que não foi com você.

Cara de pirulito: ficar envergonhada e sem graça nas situações embaraçosas.

Chatolinos: enteados chatos.

Capacidade googlelística: característica rara, encontrada na madrasta Fran, da diretoria da AME, de pesquisar e localizar soluções para todas as dúvidas das madrastas.

Comunidade de madrastas: nós, madrastas do fórum, tagarelando e trocando sugestões, palpites e experiências.

Contêiner: refere-se a quem extrapolou. É tão chato que não pode ser apenas "mala".

Desovar os filhos: deixar os filhos com o pai e a madrasta por dias e dias e mais dias.

Doidivana: a ex-mulher.

Dona encrenca: a ex-mulher.

Enteados contaminados: crianças que chegam influenciadas pela mãe.

Espaço vazio: quando a madrasta não está em alerta e deixa espaço para o namorado, a ex-mulher ou os enteados passarem do limite.

Evolução da ex-pécie: quando a ex-esposa deixa a mágoa da separação de lado e não implica mais com a madrasta e o ex-marido.

Ex-rolo: mulher que não foi namorada, nem casada, mas pode ter um filho do namorado ou marido da madrasta.

Ex-térica: ex-mulher chata do namorado ou marido.

Exu: termo usado para se referir à ex-mulher em momentos de raiva. Foi adotado porque começa com ex- e também porque esse orixá, uma das figuras mais controvertidas dos cultos afro-brasileiros, freqüentemente é considerado representante do mal. Segundo o livro *Os Orixás*, publicado pela Editora Três, a rigor Exu não é uma entidade nem boa nem má, mas, por gostar de fogo e de sexo, os jesuítas o compararam ao demônio.

Considerado o mais humano dos orixás, é a ele que se costuma pedir interferência em questões mundanas e práticas, por isso a maior parte das oferendas durante o culto se destina a Exu.

Fds: fim de semana.

Finde: fim de semana.

Jorge: o muito bem-vindo namorado da ex-mulher. Em geral, quando ele aparece o humor da mãe melhora, como também a vida da madrasta, e o pai pode conviver mais com os filhos. O nome deriva de São Jorge, um bravo militar do fim do século III, que teria enfrentado um dragão.

Madrastas anônimas: grupo de madrastas que conversam pelo fórum, mas não se conhecem e usam apelidos.

Madrastear: entrar no fórum para tagarelar com as madrastas. O termo foi criado pelo marido de uma das participantes. Ao vê-la sentar-se diante do micro, ele comentou: "Já vai madrastear, né?"

Madrasta Tereza de Calcutá: madrasta que tem de enfrentar todos os problemas sorrindo.

Matraqueiras: madrastas do fórum que falam demais.

Meu amado: o namorado ou marido da madrasta.

Mundo paralelo: expressão utilizada para se referir à vida das crianças longe da madrasta que, por algum motivo, não tem contato com os enteados nem participa da vida deles. Quando o pai está com o filho, ela exerce outras ocupações.

Namorido: refere-se a cada integrante do casal que mora junto mas ainda não se casou.

Pacote completo: o marido + filhos + a ex- + pensão + famílias.

Pacotinho: o enteado.

Pisar em ovos: conselho que as madrastas ouvem com muita freqüência: tomar cuidado o tempo todo com as atitudes para não fazer algo que possa ser mal interpretado.

Poliana (ou **Pollyanna**): madrasta que, assim como a personagem do clássico da literatura infanto-juvenil, faz o jogo do contente, isto é, fica feliz até nos piores momentos.

Príncipe com um cavalo cheio de cavalinhos atrás: o pai com seus filhos.

Santa Paciência: a santa das madrastas.

Seita das Madrastas: o grupo do fórum que conversa e tem opiniões em comum.

Trabalho de formiguinha: o lento dia-a-dia para chegar ao que desejamos que aconteça.

Voto de confiança: é a madrasta disposta a ter paciência mais uma vez!

Anexos

Guia de etiqueta após a separação

Os problemas vividos pelos casais, seus filhos e respectivas famílias por ocasião de uma separação e o início de outra união são muito parecidos, mas as soluções encontradas variam muito. Não existe um manual com regras universais. Podemos aprender com a experiência de outras pessoas, mas temos de construir a nossa.

Logo, as sugestões apresentadas neste guia são apenas lembretes para evitar constrangimentos, mal-entendidos e atitudes que podem aborrecer os demais ou esquentar os ânimos. O objetivo é colaborar para que haja mais harmonia nas relações.

Madrasta

- Tudo bem desabafar, reclamar e falar mal da ex-mulher para o marido, uma amiga íntima ou madrasta do fórum. Para enteado, sogra e cunhados, nem pensar!
- Pode palpitar e opinar sobre a educação da criança, dirigindo-se exclusivamente ao pai, sem nunca interferir.
- Se falar com a ex-, alguns assuntos devem ser banidos de suas conversas: revisão de pensão, guarda dos filhos e

tudo o que trouxer polêmica. O mais sensato é se limitar a comentários sobre o tempo, as receitas de bolo e a roupa nova da criança.

- Sorri durante as festas escolares e aniversários dos enteados. Não fica de cara fechada nem toma o lugar da mãe. Segura (e se protege com) uma máquina fotográfica.
- Não vai à festa de aniversário da criança, organizada pela ex-mulher, sem convite.
- Se for convidada para a festa na casa da ex- e não conhecer ninguém, leva uma amiga, desde que não se isolem totalmente nem fiquem falando mal dos outros.
- No casamento do enteado, senta-se com os outros convidados. Se for chamada para madrinha, age de modo discreto e não ocupa o lugar da mãe.
- Só aceita o presente de Dia das Mães feito pela criança na escola se a mãe tiver falecido ou se a criança preparar dois presentes, um para a mãe e outro para ela.
- Enfrenta as saias-justas com os enteados na casa dos sogros, ou onde quer que seja, com um sorriso no rosto. Depois resolve o problema em casa com o marido.
- Agüenta firme a tentação de rasgar as fotos da criança, do marido e da ex-mulher.
- Sempre que acharem que é a mãe da criança, explica calmamente a situação.
- Só permite que a criança a chame de mãe se esta tiver falecido e a iniciativa partir da criança. Nem pensar em impor uma coisa dessas.

ANEXOS: GUIA DE ETIQUETA APÓS A SEPARAÇÃO

Ex-casal

- Pessoas adultas, inteligentes e civilizadas não discutem na frente de crianças e adolescentes.
- Pai e mãe conscientes estimulam o convívio. Jamais alienam os filhos em relação ao(à) ex-.
- Não ensinam chantagens emocionais para as crianças.
- Utilizam bem seu precioso tempo. Não o desperdiçam chateando o(a) ex-.
- O guardião não some com o filho em dia de visita; nem força a criança a mentir dizendo que não quer sair com o outro.
- Respeita quando o filho adolescente prefere passar o fim de semana com os amigos.
- Ex- bem resolvido se esforça para chegar a um consenso sobre a educação dos filhos.
- Importante: não usar aliança do ex-casamento. Não pega bem!

Ex-mulher

- Nunca, jamais, em hipótese alguma, fala mal do pai para a criança.
- Só pode falar mal do ex- e da madrasta para a mãe, uma amiga íntima ou, no máximo, o companheiro novo.
- Ensina logo que o pai não é banco, mas alguém que ama os filhos e sente falta deles.
- Não comenta que o pai comprou carro, casa, terreno. É deselegante!

- Sabe que vingar-se do marido, impedindo a convivência com o filho, não é atitude de mãe responsável e interessada no bem-estar das crianças.
- Comunica ao ex-marido tudo o que acontece com o filho, se está doente, se tirou notas boas, se vai viajar com a família de um amigo.
- Evita ficar telefonando o tempo todo para a casa do ex- para saber como está seu filho.
- Não é de bom-tom despachar os filhos para atrapalhar a lua-de-mel do ex-.
- Conserva o sobrenome do ex- só se o fato de tirá-lo lhe causar prejuízo profissional.
- Não incentiva, nem permite, que a criança chame o padrasto de pai.
- Não vai à casa da ex-sogra se não for convidada. E, quando receber convite, avalia se vale a pena mesmo ir.
- Respeita a nova mulher, pois é ela quem vai cuidar dos seus filhos pequenos.
- Evita a profissão ex-mulher. Sabe que pensão não é salário. Se precisar de um, arruma um emprego.

Pai

- A pensão é uma necessidade e não uma obrigação.
- Privilegia o filho nos dias de convivência, abrindo mão de compromissos supérfluos.
- Quando tem permissão de entrar na casa da ex-mulher, não comenta os defeitos da casa.

ANEXOS: GUIA DE ETIQUETA APÓS A SEPARAÇÃO

- Sabe quanto é elegante se preocupar com o presente de Dia das Mães da ex-mulher. Leva as crianças para comprar algo ou pede ajuda da avó materna.

- Entende quando a madrasta espera um reconhecimento nessa data e providencia algum presente para ela também.

- Não permite, nem incentiva, que a criança chame a madrasta de mãe.

- Comparece ao casamento do filho ou da filha e fica no altar ao lado da ex-mulher.

Enteado adolescente ou adulto

- Respeita os pais, recebendo bem seus novos companheiros.

- Quando tem restrições aos novos namorados, sabe ao menos ser educado e sugerir que o encontro com o pai ou a mãe aconteça em lugares mais neutros.

- Cumpre as regras de convívio estabelecidas nas casas de pai e mãe separados.

Avós paternos

- Sabem que não é de bom-tom conversar sobre a ex-mulher e seus momentos marcantes na família, bons ou ruins, quando a madrasta estiver presente.

- Em eventos (batizado, aniversário, festas escolares) sentam-se próximos ao filho (pai da criança). Cumprimentam todos e conversam livremente.

- Guardam em uma gaveta o porta-retrato com a foto do

filho e da ex-mulher no dia do casamento e que ficava sobre um móvel da sala.

- Nos dias de convivência do pai, aguardam o filho levar a criança para vê-los. Não supõem que aquele fim de semana é dos avós.
- Podem ir à casa da ex-mulher para ver a criança, se forem convidados.
- Podem convidar a ex-mulher para ir à sua casa quando o filho ou a atual mulher não estiverem presentes.

Parentes em geral
(sogros, cunhados e agregados do pai ou da mãe)

- Respeitam as decisões do novo casal e são polidos nos encontros eventuais.
- Ainda que mantenham contato com o ex-cônjuge, são receptivos aos novos namorados.
- Percebem quanto é deselegante fazer piadinhas sobre casamento, madrasta, enteados.

Babá

- Na ida para a casa do pai, adapta as regras da mãe aos pedidos do pai e da madrasta, observando as normas válidas naquela casa.
- Só comunica à mãe o que for extremamente necessário, nunca com o intuito de fazer fofoca.
- Sabe que a discrição é uma virtude fundamental para uma babá.

Anexos: Guia de etiqueta após a separação

Amigos

- Recebem bem os novos companheiros, mesmo que mantenham contato com os ex-.

- Não telefonam correndo para contar ao amigo ausente todos os detalhes do novo integrante do grupo. Podem contar depois, com calma e muita classe.

- Evitam convidar o ex-casal para a mesma festa ou avisam sobre a vinda do outro.

- Ajudam o ex- mais próximo a superar a tristeza por causa da separação.

- Não põem mais lenha na fogueira.

Somos o máximo

Françoise de Matos Paula Silva[1]

Primeiro, enfrentamos o medo de assumir um namoro com um homem que traz na bagagem filhos de outro relacionamento. Tenha sido esse um casamento ou somente um namoro, não importa, filhos são para sempre.

Depois, a cara da nossa família quando assumimos o relacionamento. Por mais que todo mundo fale O.k., no fundo acha isso uma grande furada.

Aí vem o drible com os filhos do casamento anterior.

Nós temos de ter paciência com o filho dos outros.

Temos de nos organizar pelo filho dos outros.

Temos de aprender antecipadamente como lidar com manhas e doenças.

Temos de fazer isso ainda cultivando a amizade dessas crianças.

E temos de entender os medos e receios delas, que estão aprendendo a viver com pais separados.

---

1. Françoise de Matos Paula Silva, autora deste texto, é madrasta e membro da diretoria da AME, Associação das Madrastas e Enteados.

E respirem fundo!

Junto do pacote vem a ex-.

Se ela se dá bem com o ex-marido, nós temos de entender e nunca, nunca mesmo, demonstrar ciúme.

Se ela não se dá bem com o ex-marido, nós temos de entender e sempre, sempre mesmo, apoiar o companheiro e mediar as situações.

Se ela te aceita, é porque é uma excelente pessoa.

Se você a aceita, não fez mais que a obrigação, porque você já sabia dela quando começou a namorar.

Se ela não te aceita, é por causa do ciúme que ela tem dos filhos.

Se você não a aceita, você é infantil e tem de mudar seu comportamento.

Quando nosso marido cancela um programa para ficar com os filhos, nós temos de aceitar; afinal, são os filhos dele.

Quando nosso marido cancela um programa com os filhos para ficar com a gente, você está tentando afastá-lo das crianças, querendo impedi-lo de ficar com os filhos.

E tem também a família dele.

Temos de ver as fotos com a ex-.

Ouvir as conversas sobre a ex-.

A gravidez da ex-.

E dividir a nossa sogra com a ex-. (Porque muita gente não gosta de sobra, mas o que é nosso, é nosso!)

E sabe o que é realmente o máximo?

Nós conseguimos.

Passamos por tudo isso e continuamos levando o resto da nossa vida. Porque também trabalhamos, enfrentamos trânsito, temos TPM, temos problema de dinheiro, ficamos doentes, somos seres humanos normais.

E, quando ficamos completamente desesperadas com as loucuras que precisamos driblar nesse nosso complexo mundo de madrastas, desabamos nossas mágoas no Fórum das Madrastas para ninguém ficar sabendo.

Palmas para nós!
Parabéns por sermos 100% madrastas.